Werner Knigge

Wer wirkt, gewinnt!

Persönliche Potenziale entdecken
und entwickeln

Beltz Verlag · Weinheim, Basel, Berlin

Werner Knigge, Jg. 1960, Geschäftsführer
von vivendi concept (www.vivendi-concept.de)
in München, ist Unternehmensberater und
Trainer für Kommunikation, Präsentation und
Mitarbeiterführung.

Lektorat: Ingeborg Sachsenmeier

© 2003 Beltz Verlag · Weinheim, Basel, Berlin
www.beltz.de
Herstellung: Klaus Kaltenberg
Satz: Mediapartner Satz und Repro GmbH, Hemsbach
Druck: Druckhaus Beltz, Hemsbach
Umschlaggestaltung: glas ag, Seeheim-Jugenheim
Umschlagfoto: zefa visual media gmbh, Düsseldorf
Zeichnungen: Martin Ring, München
Printed in Germany

ISBN 3-407-36111-4

Inhaltsverzeichnis

Empathie, die Fähigkeit, sich in den anderen
hineinzuversetzen.

Wertschätzung, das Eingangstor zu jedem Menschen.

Das Beherrschen der Beziehungsebene.

Die Kompetenz, Kritik zu üben und anzunehmen.

Merkwürdige und sinnvolle Kommunikation.

Verbindlichkeit für wachsende Beziehungen.

Vorwort

Warum sind manche Menschen erfolgreicher als andere? Seit Jahren treffe ich als Unternehmenstrainer auf Menschen mit einer sehr erfolgreichen Karriere und auf Menschen mit weniger Erfolg. Die Aufgabenstellung in meiner Tätigkeit besteht darin, eine Antwort auf die Frage zu finden: Was sind die Kernkompetenzen und Grundeinstellungen für eine erfolgreiche Berufskarriere und zwar unabhängig von der Art des Berufes und der Ausgangposition des Betroffenen?

Bei der Suche nach diesen Kompetenzen stieß ich auf ein berühmtes Buch, das vor über 200 Jahren von Adolph Freiherr von Knigge geschrieben wurde. Sein Name hat sich fälschlicherweise zu einem Synonym für Benehmen und Etikette entwickelt.

Schon Freiherr von Knigge untersuchte, was wirkungsvolle Menschen von anderen unterscheidet

Tatsächlich findet sich in seinem bekanntesten Buch »Über den Umgang mit Menschen« kein einziger Hinweis auf den richtigen Gebrauch von Messer und Gabel oder die formvollendete Begrüßung eines Gastes. Vielmehr geht er in seinem Buch der Frage nach, was die wirkungsvollen von den weniger wirkungsvollen Menschen unterscheidet, also nahezu der identischen Fragestellung.

In den letzten Jahren habe ich die Aussagen dieses Buches mit den Strategien und Lebensläufen erfolgreicher Menschen verglichen. In zahlreichen Gesprächen und Interviews filterte ich die in Knigges Buch beschriebenen Erkenntnisse mit den Erfolgsrezepten dieser Menschen. Daraus ergab sich eine Essenz der grundlegenden und zeitlosen Erfolgskompetenzen.

Es ist mir wichtig hervorzuheben, dass es bei beruflichem Erfolg nicht um eine rein materielle Ausrichtung geht. Tatsächlich stellt eine ausschließlich materiell ausgerichtete Zielsetzung einen der größten Hinderungsgründe für Erfolg dar.

Dieses Buch stellt Ihnen nicht nur die zeitlosen Kernkompetenzen vor, darüber hinaus beinhaltet es ein interaktives Lernprogramm, das mit Übungen und Tests Ihr Erfolgspotenzial aufdeckt und trainiert. Nutzen Sie diese Übungen und Tests für die Entwicklung Ihrer persönlichen Kompetenzen.

Ich richte mich vor allem an junge und aufstrebende Führungskräfte, die wir für die Bewältigung der aktuellen Herausforderungen dringend brauchen. Es freut mich ganz besonders, dass wir in einer Zeit leben, in der mehr als je zuvor einer breiten Masse, unabhängig von der Herkunft, die »Karriereleiter« offen steht. Diese Tatsache ist eine der Voraussetzungen für die Innovation und Kreativität, die wir zunehmend benötigen.

Aus den verbesserten Chancen resultiert aber auch eine gesteigerte Eigenverantwortung. Die heute vorhandenen Möglichkeiten zu nutzen liegt in der eigenen Entscheidung eines jeden Einzelnen.

Fazit: Nutzen Sie diese Chance und profitieren Sie von den Erfahrungen und Erkenntnissen erfolgreicher Persönlichkeiten. Entwickeln Sie aus diesen Übermittlungen Ihre individuellen Ziele und Strategien für deren Erreichung.

Wirkung

Kompetenz der Kompetenzen

»*Wir sehen bei den erfahrensten, geschicktesten Männern (Menschen), dass es ihnen misslingt, auf andere zu wirken, sehen, dass die witzigsten, hellsten Köpfe eine nicht vorteilhafte Rolle spielen, sehen, dass die glänzendsten Schönheiten nicht allenthalben gefallen, indes Personen, mit weniger äußeren Annehmlichkeiten ausgerüstet, allgemein interessieren.*« (Adolph Freiherr von Knigge: Über den Umgang mit Menschen.)

Dieses Zitat stammt aus einem Buch, dessen Autor vor 250 Jahren geboren wurde. Adolph Freiherr von Knigge beschrieb in seinem berühmten Buch»Über den Umgang mit Menschen« Erfolgsrezepte im Umgang mit sich selbst und anderen. Knigge lebte zur Zeit der Aufklärung, eine philosophische Strömung im 17. und 18. Jahrhundert, die Immanuel Kant als den»Ausgang des Menschen aus seiner selbstverschuldeten Unmündigkeit« bezeichnete (diesen Ausgang scheinen wir heute immer noch verzweifelt zu suchen). Die Aufklärung setzte an die Stelle der kirchlichen Dogmen und die Unveränderbarkeit des Schicksals die Gedanken der Eigenverantwortung.

Eigenverantwortung, ein wesentliches Element der Aufklärung

Das obige Zitat beinhaltet die Leitfrage, die mich in meinen Seminaren und Trainings ständig begleitet: Was unterscheidet erfolgreiche Menschen von den weniger erfolgreichen?

Diese Frage wird von vielen Menschen beantwortet, als hätte es die Aufklärung nie gegeben: Entweder man hat Erfolg, oder man hat ihn nicht. Als aufgeklärte Menschen sind wir überzeugt von dem Zusammenhang von Ursache und Ergebnis. Erfolgreiche Menschen verstehen es zunehmend, diesen Erfolg in verschiedenen Bereichen zu wiederholen. Immer häufiger wechseln leistungsfähige Manager die Branche, um in dem neuen Metier genauso erfolgreich zu sein. Dies ist ein deutlicher Hinweis darauf, dass die Erfolgskompetenzen nicht im fachlichen, sondern in einem übergeordneten Bereich zu suchen sind, und die Auswirkung dieser Fähigkeiten nicht auf einen bestimmten Bereich beschränkt sind.

Der entscheidende Unterschied liegt in der Wirkung, die diese Menschen erzielen. In der Fähigkeit Veränderungen auszulösen, gedanklich oder tatsächlich, bei anderen oder bei *Erfolg ist das* sich selbst. Erfolg orientiert sich, unabhängig *Ergebnis einer* von der individuellen Definition, am Wirkungs-*erzielten Wirkung* prinzip. Demnach ist Erfolg eine Folge oder ein Ergebnis des Handelns beziehungsweise Verhaltens. Das Verhalten ist die Ursache. Das Sprachprogramm meines Computers bietet mir den Begriff Wirkung sogar als Synonym für das Wort Erfolg an.

Ist nun diese Wirkung ein angeborenes Phänomen, das einigen Auserwählten mitgegeben wird? In vielen Gesprächen mit sehr erfolgreichen Menschen stellte ich fest, dass diese Wirkung auf Ursachen beruht, die jedem von uns zugänglich sind und die jeder von uns zur Anwendung bringen kann. Diese Ursachen sind Kernkompetenzen nicht nur für die berufliche Karriere, da das Wirkungsprinzip logischerweise für unsere gesamte Lebenssituation gilt.

Der Begriff Wirkung existiert in vielfältigen Erscheinungsformen:

- bewirken
- Auswirkung
- Wirken
- wirklich
- wirkungsvoll

Dieser Sprachgebrauch spiegelt ebenfalls den Zusammenhang zwischen Erfolg und Wirkung wider. Unabhängig davon, ob es sich bei unserem Ziel um die erfolgreiche Bewerbung auf die attraktive Stelle, die Gehaltserhöhung im Gespräch mit dem Chef, die Motivation der Mitarbeiter für das neue Projekt oder die Erhörung durch die Angebetete handelt. Das Ergebnis ist abhängig von der Wirkung, die wir in unserem Auftreten erzielen. Wir kennen den Begriff Wirkung auch aus der Physik:

$$\text{Wirkung} = \text{Energie} \times \text{Zeit}$$

Diese physikalische Formel ist eine Gleichung, die ebenso für die menschliche Wirkung zutrifft. Die bestimmenden Faktoren für die menschliche Wirkung sind die Energie und die Zeit. Bei allen Biografien erfolgreicher Personen fällt das erhöhte Energiepotenzial auf, das diese besitzen. »Ich glaube, ich bin mit dem Höher-Schneller-Weiter-Gen auf die Welt gekommen«, sagt Claudia Langer, eine sehr erfolgreiche Unternehmerin von sich. Selbst wenn es sich bei dem erhöhten Energiepotenzial um ein angeborenes Talent handelt, so wissen wir, dass wir die Fähigkeit besitzen, auf unsere Talente Einfluss zu nehmen. Unsere Möglichkeiten, den Faktor Zeit zu beeinflussen, sind dagegen eher begrenzt. Die Frage, wie wir diese Zeit nutzen und womit wir sie ausfüllen, liegt dagegen wieder in unserer Verantwortung.

Wirkung, ein Produkt aus Zeit × Energie

Über den Umgang mit der Zeit

Zeitdruck und bewusstes Sein

»*Vor allen Dingen also handle nur stets folgerecht, mache dir einen Lebensplan und weiche nicht von diesem Plane.*« (Adolph Freiherr von Knigge)

Das auslösende Ereignis

Es muss jetzt etwa zehn Jahre her sein, zehn Jahre seit diesem tragischen Ereignis, durch das Andi sein Leben verlor und das für mich die Fragen aufwarf, die so viele Veränderungen auslösten. Als Andi starb, war er keine 35 Jahre alt. Er hinterließ – wie es so emotionslos ausgedrückt wird – eine Ehefrau und eine kleine Tochter. Sein Tod war ungewöhnlich, gerade für ihn. Schicksal?

Über fünf Jahre hatte ich Tag und Nacht mit Andi zusammengearbeitet und ihn dabei als einen in mancher Hinsicht besonderen Menschen kennen gelernt. Insbesondere durch seine Vorsicht in Gefahrensituationen, in denen viele andere von uns ohne seine warnenden Gedanken zu ungestüm und riskant vorgegangen wären. Ausgerechnet so eine Situation, vor der uns Andi immer gewarnt hatte, wurde ihm zum Verhängnis. Dieser scheinbare Zufall und sein für ihn ungewöhnliches Verhalten kurz vor dem Ereignis bestätigte für mich die schicksalhafte Steuerung durch eine übergeordnete Macht.

Aber Andi war nicht nur ein besonderer Mensch auf Grund seiner für uns so wichtigen Vorsicht. Oft belächelten wir seine Pläne, nein besser seine Visionen, wenn er über seine Zukunft sprach. Irgendwann würde er diesen Beruf aufgeben und seine wahren Talente, von denen er überzeugt war, dazu nutzen, ein erfolgreicher, angesehener, ja sogar berühmter Mann zu werden. Er war nicht der Einzige von uns, der diese Visionen besaß, aber er war der Einzige, der sie so enthusiastisch und mit so beeindruckenden Bildern in seinen Schilderungen zum Ausdruck brachte. Vielleicht haben dies ein paar für Spinnereien gehalten, aber die Energie, mit der er seine Träume wiedergab, ließ mich daran zweifeln, ob es nur Träume bleiben würden oder ob Andi sie nicht doch irgendwann zum Teil in die Wahrheit umsetzen würde.

Die Antwort bleibt spekulativ. Schuld daran ist dieses Ereignis, vor dem er uns immer gewarnt hatte und das ihm zum Verhängnis wurde. Als der Autofahrer die Kontrolle über sein Fahrzeug verlor, hatte das Schicksal bereits unveränderbar seinen Lauf eingeschlagen. Andi, der den Gefahrenbereich absicherte, so wie es seine Aufgabe war, hatte keine Chance zu reagieren. Er wurde erfasst, durch die Luft geworfen und war sofort tot.

Die Fassungslosigkeit über seinen Tod wurde durch zwei Gedanken noch verstärkt. Die Frage warum gerade er, der mit Bedacht und Weitsicht versuchte, die Risiken unseres Berufs zu minimieren und die Schlussfolgerung, dass uns das Gleiche jeden Tag passieren könnte.

Ausgelöst durch die Erkenntnis, wie schnell auch mein Leben beendet sein könnte, entwickelte ich eine Energie, die nicht nur meine Visionen verstärkte, sondern sie auch konkreter werden ließ. Denn auch ich hatte oft Zweifel gehabt, ob dieser Beruf, den ich über 15 Jahre ausübte, wirklich der richtige war, oder ob nicht auch meine Talente und Fähigkeiten mich in einem anderen Beruf zufriedener werden ließen.

Zeitgewinn durch Lösungsorientierung

Der Unterschied in unserem Umgang mit der Zeit wird durch zwei Verhaltensmuster ausgelöst:

- dem problemorientierten Denken oder
- dem lösungsorientierten Denken und Handeln.

Der Ausgangspunkt für unser Handeln ist die Differenz zwischen unserer Vorstellung und der Realität. Diese Differenz kann sowohl durch eine positive Vorstellung (Wünsche) als auch durch die negative Realität (Probleme) bestimmt werden. Beiden Bereichen ist gemeinsam, dass Soll- und Ist-Zustand voneinander abweichen.

Motivation entsteht aus der Differenz von Ist und Soll

Wissenschaftlich fundierte Tests in den USA zeigen, dass der unterschiedliche Umgang mit dem Soll- beziehungsweise dem Ist-Zustand den Gradmesser für Erfolg und Zufriedenheit darstellt. Dabei spielt die individuelle Definition von Erfolg und Zufriedenheit keine Rolle.
Nach diesen Studien sind Fähigkeiten wie Motivation, Enthusiasmus und Beharrlichkeit aus dem Bereich der emotionalen Intelligenz wesentlich aussagekräftiger für eine positive Lebensprognose als beispielsweise der IQ.

Vielleicht ist es der genetische Code, wahrscheinlich aber unsere Umgebung und Erfahrungen, die Menschen meist zu einer »negativen« Reaktion auf diese Diskrepanz bewegen. Nach meiner Ansicht tendiert die Mehrzahl unserer Mitmenschen dazu, aus ihren Wünschen und Problemen Erwartungen zu formulieren.

In dem Wort Erwartungen steckt jedoch bereits die verhängnisvolle Weiterentwicklung, nämlich der Begriff »Warten«. Deshalb resultiert auch in der Praxis aus diesen Erwartungen kein aktives Handeln, sondern *Passivität*. Das Warten, dass andere diese Gegebenheiten für mich lösen. Diese Erwartungshaltung wird durch den Gedanken genährt, dass diese anderen ja auch meist verantwortlich für die Existenz dieser Probleme

Die Verantwortung für Erfolg wird abgeschoben

sind. Die Vorgesetzten, die für die Situation in der Firma die Verantwortung tragen. Oder der Ehepartner, der doch endlich einsehen müsste, dass er durch sein Verhalten und seine Einstellungen die Ursache für die Probleme liefert. Die Ursache und damit die Verantwortung (auch für die Lösung) wird anderen Personen zugeschrieben. Unterstützt wird dieses Abschieben der Verantwortung dann oft noch durch die Denkweise »Da kann ich ja sowieso nichts ändern«.

Ein befreundeter Seminartrainer bezeichnet diese Personen als AHIGS. Wie kam er auf diesen Begriff? Ihm fiel auf, dass diese

Gruppe auf die Frage nach ihrer allgemeinen und beruflichen Zufriedenheit häufig mit der gleichen Formulierung antwortete: »Ach Hätte Ichs doch Getan«! Hätte ich doch damals diese(n) Frau/Mann geheiratet. Hätte ich doch diesen Beruf erlernt. Hätte ich doch den Mut gehabt, die Firma zu wechseln. Hätte ich doch dieses Angebot angenommen oder diese Möglichkeit ergriffen und so weiter. Nach seiner Einschätzung sind dieser Personengruppe, die zu ihrer Zielerreichung höchstens noch wöchentlich einen Lottoschein ausfüllt, über 80 Prozent der Menschen zuzuordnen.

Das Fatale ist jedoch, dass mit dieser Haltung die Wahrscheinlichkeit der Problembewältigung gegen null sinkt. Sie wird dem Zufall beziehungsweise anderen Personen überlassen. Da die Aussicht auf eine positive Veränderung durch diese Passivität sehr eingeschränkt ist und die Erwartungen nicht erfüllt werden, ergibt sich als weitere Konsequenz eine Stimmung der *Frustration*, die zu einer weiteren *Demotivation* führt.

Ein anderes Verhaltensmerkmal für diesen Personenkreis ist, dass sie in jeder Sache vordringlich mögliche Hindernisse und Probleme, nicht aber Chancen erkennen. Daher nenne ich diesen Kreislauf, der sich natürlich wieder in den unerfüllten *Wünschen* und *Problemen* schließt den Kreislauf des problemorientierten Denkens:

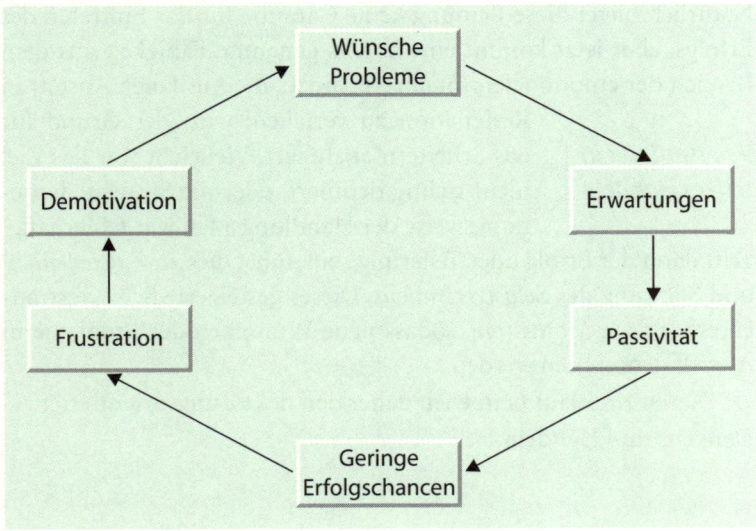

Beim Studieren der Biografien »erfolgreicher« Personen zeigt sich dagegen immer wieder ein völlig anderer Umgang mit Wünschen oder Problemen. Edison ist durch die Erfindung der Glühbirne berühmt geworden. Allerdings hat er sich diese Berühmtheit hart erarbeitet. Kaum einer weiß von den zahllosen Fehlversuchen seiner Forschungsarbeit.

Zielstrebigkeit beginnt mit einem Ziel

Die meisten Menschen hätten auf Grund dieser Misserfolge sicherlich resigniert. Edisons Ausdauer brachte ihm schließlich die Berühmtheit, die er jetzt besitzt. Auch bei anderen erfolgreichen Geschäftsleuten oder Sportlern lässt sich diese Zielstrebigkeit wieder finden. Und in diesem Begriff Zielstrebigkeit finden wir bereits den Einstieg in einen anderen Kreislauf. Die vorhandenen Wünsche oder Probleme werden hier nicht in Erwartungen, sondern in Ziele umgesetzt. Diese Ziele werden konkret definiert und mit einer Strategie und einem Handlungsplan ergänzt.

Diese Strategie verpflichtet uns zu einem zielorientierten Handeln. Dies führt zu einer *Steigerung der Erfolgschancen*. Denn auch in dem Wort Erfolg verbirgt sich, dass er die *Folge* auf eine Aktivität ist. Natürlich bietet diese Reihung keine Garantie für das Eintreten des Erfolgs, aber jetzt kommt eine bereits genannte Fähigkeit aus dem Bereich der emotionalen Intelligenz hinzu, die Ausdauer. Anstatt in Resignation zu verfallen, wird der Grund für das Scheitern analysiert. Vielleicht war das Ziel nicht richtig definiert, oder die Strategie beziehungsweise der Handlungsplan war fehlerhaft.

Erfolg erfordert ein aktives Handeln

Tritt dann der Erfolg oder Teilerfolge ein, führt dies zu *Zufriedenheit* und Stärkung des *Selbstvertrauens*. Dieses gesteigerte Selbstvertrauen erhöht die *Motivation*, sodass neue Wünsche oder Probleme in Angriff genommen werden.

Diesen Kreislauf nenne ich daher den des lösungsorientierten Denkens und Handelns.

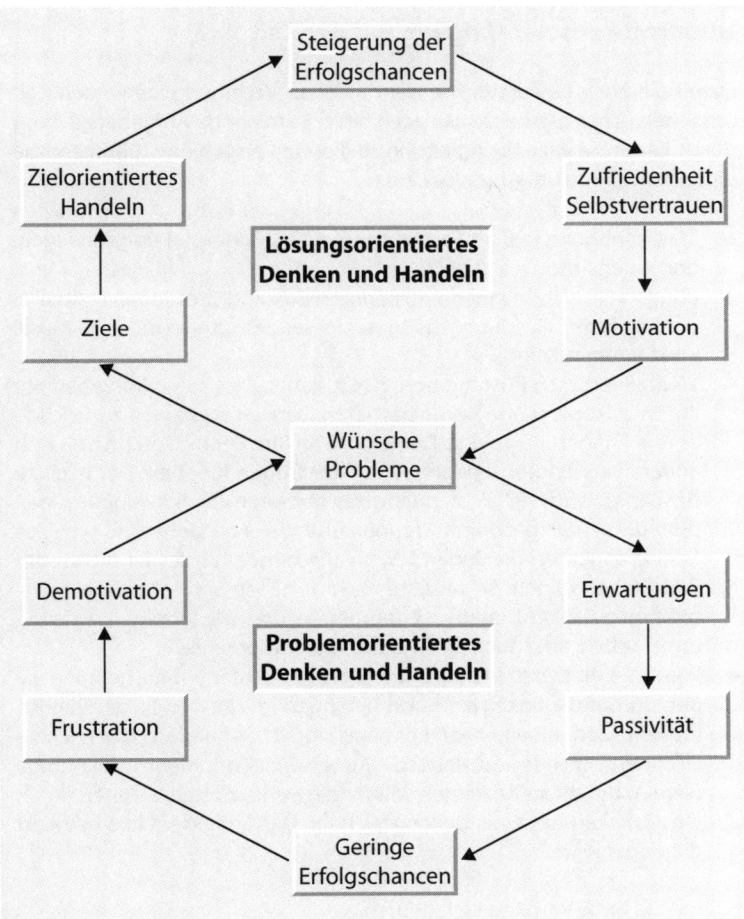

Der unterschiedliche Umgang mit diesem Zustand ist der grundlegende Aspekt für Erfolg und Zufriedenheit. Gleichgültig, ob nun die Veranlagung oder die Sozialisation festlegt, in welchem Kreislauf wir uns bewegen, eine Einflussnahme ist auch in späteren Jahren grundsätzlich möglich.

Übung: Bewusster Umgang mit der Zeit

Damit Sie noch bewusster mit der Ihnen zur Verfügung stehenden Zeit umgehen können, arbeiten Sie doch bitte die folgende Aufgabenstellung durch. Lesen Sie dazu die Anleitung zu diesem Versuch und führen Sie die einzelnen Schritte im Anschluss aus:

● Sie benötigen ein Blatt Papier, das Sie im Querformat vor sich legen, und einen Stift.

● Bringen Sie sich in einen entspannten Zustand. Störungen sollten in den nächsten 15 Minuten ausgeschlossen sein. Entspannende Musik wirkt unterstützend.

● Wenn Sie diesen Zustand hergestellt haben, lassen Sie Ihr Leben vor Ihrem geistigen Auge Revue passieren. Denken Sie so weit zurück, wie es Ihre Erinnerung zulässt. Denken Sie an Ihre Eltern, Geschwister und andere Verwandten, Erlebnisse in Ihrer frühen Kindheit. Der nächste Abschnitt wird vielleicht durch das Eintreten in den Kindergarten oder die Schule bestimmt. Freunde und die erste Liebe sind typische Erinnerungen an die Jugend. Schulabschluss und der Eintritt in das Berufsleben folgen. Als nächsten Schritt haben Sie vielleicht eine Familie gegründet. Negative Erfahrungen und Misserfolge begleiten unser Leben, aber auch Erfolge und Glücksmomente.

● Wenn Sie Ihr Leben bis zur Gegenwart betrachtet haben, nehmen Sie den Stift in die linke Hand und beginnen im unteren linken Bereich dieses Leben mit einer von links nach rechts ziehenden Linie nachzuzeichnen. Schließen Sie dabei die Augen. Glücksmomente und Erfolge werden durch ein Ansteigen, Misserfolge und schlechte Zeiten durch ein Absinken der Linie gekennzeichnet. Das Ende der Linie markiert die Gegenwart.

Führen Sie diese Vorgaben jetzt durch.

Anschließend zeichnen Sie an den unteren Rand des Blattes einen waagrechten Strich. Dieser Strich stellt die Zeitskala dar. Markieren Sie auf diesem Strich das zum Erlebnis passende Alter. Auf Höhe des Linienendes steht auf dem Zeitstrich Ihr gegenwärtiges Alter. Die Leserinnen verlängern nun diesen Strich in etwa maßstabsgetreu bis zur Zahl (Alter) 83, die Leser bis 78. Diese Zahlen markieren die statistisch ermittelte Lebenserwartung von Frauen und Männern. Wir wollen hierbei vernachlässigen, dass Personen mit einem gesundheitsschädlichen Lebenswandel (Rauchen, Alkohol, Stress) diese Linie statistisch verkürzen müssten.

Vor sich sehen Sie nun einen bereits erlebten Abschnitt und den Zeitraum, der uns wahrscheinlich zum Erreichen unserer Ziele zur Verfügung steht.

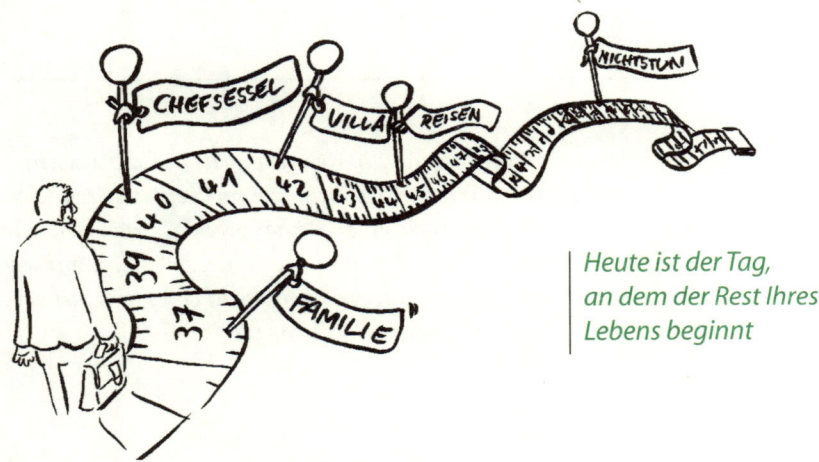

Heute ist der Tag, an dem der Rest Ihres Lebens beginnt

Was wollen wir mit dieser Zeit anfangen? Wie wollen wir sie nutzen. Der Maßstab des Erfolgs sind die Ziele, die wir uns stecken. Welche Ziele haben wir uns gesetzt, wie viel haben wir davon erreicht?

Stellen Sie sich vor, Sie würden Ihre Biografie schreiben. Wie interessant wäre sie zu lesen? Sind Sie mit dem Erreichten zufrieden (vielleicht sogar glücklich), oder existieren noch Dinge, die Sie in Ihrem Leben noch gerne erreichen würden?

Tipp: Übernehmen Sie die Verantwortung für Ihre Biografie und verwirklichen Sie Ihre Ziele.

Die Bedeutung der Energie

Der Multiplikator in dieser Gleichung

»*Wer sich davon überzeugen will, der gebe acht auf die Verschiedenheit seiner Laune! Wie verdrießlich, wie zerstreut, wie sehr sich selbst zur Last ist man nach einer Reihe zwecklos, vielleicht gar schädlich hingebrachter Stunden; und wie heiter, sich selbst mit seinen Gedanken unterhaltend dagegen am Abend eines nützlich verlebten Tages!*« (Adolph Freiherr von Knigge)

Das Fest der Sinne

Die Premiere, zu der ich eingeladen war, war ein rauschendes Fest. Nüchtern betrachtet handelte es sich um die Präsentation eines neuen Fahrzeugs einer Nobelmarke. Tänzer, Sänger und technische Animationen gestalteten es jedoch zu einem wahren »Fest der Sinne«, wie es in der Broschüre auch angekündigt war. Die Dramaturgie und Professionalität dieser Veranstaltung konnte sich messen lassen an einem guten Theaterstück oder Konzert. Die anschließende Party mit Livemusik, Büffet und erstklassigem Service stand der Präsentation in nichts nach.

Zu dieser Präsentation hatte das Unternehmen etwa 2.000 Gäste eingeladen. Das Publikum entsprach der Zielgruppe des vorgestellten Luxusfahrzeugs. Viele Führungskräfte aus der Wirtschaft, Selbstständige, Unternehmer und Ärzte. Etwa ab der Mitte der Präsentation begann ich die Reaktion der Zuschauer zu beobachten. Egal was die Akteure auf der Bühne unternahmen, um die Gäste zu begeistern, der Funke schien mir nicht überzuspringen. Die Reaktion des Publikums bestand aus einem braven Applaus in den Pausen. Der Rest wurde bestimmt durch Passivität, aus der sich die Gäste auch nicht durch die Animation zum Mitklatschen bringen ließen. Die

Qualität und Emotionalität der Darbietungen stand in einem krassen Missverhältnis zu der Regungs- und Gefühllosigkeit der Zuschauer. Neben mir saß ein Unternehmer, der mit verschränkten Armen über seinem ausuferndem Bauch eher gnädig der Veranstaltung folgte. Seine ganze Mimik und Gestik drückte wie bei den meisten, die ich betrachtete, Coolness und Langeweile aus. Dieser Ausdruck gipfelte in der Frage:»Wann zeigen die denn endlich das Fahrzeug?«

Energie, der steuerbare Faktor

Nach der physikalischen Definition ist die Wirkung neben der Zeit abhängig von der Menge der Energie. Um eine Wirkung zu erzielen, benötigen wir Energie. So benötigen auch Menschen, die etwas bewegen wollen Energie. Dabei gilt: Je größer die Aufgabe, desto größer der Energieaufwand, oder, je größer die vorhandene Energiemenge desto größer das Erfolgspotenzial. Wenn wir an erfolgreiche Persönlichkeiten denken, bemerken wir an ihnen häufig eine große Ausstrahlung. Diese Ausstrahlung wird von den Teilnehmern in den Seminaren oft als wichtigster Erfolgsfaktor genannt. Sie resultiert aus einer starken Energiequelle. Diese Energiequelle produziert einen Energielevel, der eine erhöhte Ausdruckkraft zur Folge hat.

Ausstrahlung ist das Ergebnis einer erhöhten Energie

Die Wirkung, die wir erzielen ist, neben der Zeit, die uns zur Verfügung steht, abhängig

● von einem hohen Energielevel sowie
● von der Kompetenz diese Energie effektiv (ohne Energieverluste) in Wirkung umzusetzen.

Woher erhalten wir diese Energie? Die Energiequellen haben sich im Laufe der Zeit grundlegend verändert. In der Steinzeit ging es ums Überleben. Anschließend lieferte der Glaube eine lange Zeit die notwendige Energie. Heute orientieren wir uns an Reichtum und Wohlstand.

Meine Frau schenkte mir vor kurzem ein Buch mit dem schlichten Titel »Erfolg«. Es beinhaltet eine Sammlung von Zitaten und Bildern zu diesem Thema. Mir fiel auf, dass sich die über 40 Zitate unter drei Begriffen subsumieren lassen.

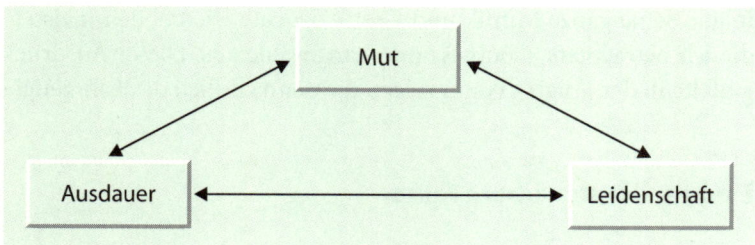

- Mut bezieht sich dabei auf die Bereitschaft, die üblichen Denk- und Verhaltensweisen zu verlassen und eigene Wege zu gehen; »außer-gewöhnlich«, ja sogar etwas »ver-rückt« zu sein.
- Dieser Mut, trotz Misserfolge nicht zu verlieren, spiegelt sich in vielfältiger Weise in dem Begriff Ausdauer wider.
- Überzeugung, das Richtige zu tun, Liebe und Hingabe bestimmen den Bereich, den ich in dem Dreieck mit Leidenschaft bezeichne.

Diese drei Voraussetzungen für Erfolg besitzen eine Gemeinsamkeit. Für alle Eigenschaften benötige ich Energie. Woher erhalten wir diese notwendige Energie? Wir verfügen über zwei Leitungen, über die wir uns Energie zuführen, die gedankliche und die emotionale Leitung. Während die Energiemenge, die über die gedankliche Leitung übertragen werden kann, begrenzt ist, ist das Potenzial der emotionalen Leitung grenzenlos. In seinem Buch »Emotionale Intelligenz« beschreibt Daniel Goleman zu Beginn eine Szene, in der ein Ehepaar unter extremer körperlicher Anstrengung gemeinsam ihr Kind vor dem Ertrinken rettet, bevor beide selbst im Fluss untergehen und sterben. Die Energie sowohl für diese uneigennützige Entscheidung als auch die körperliche Bewältigung konnte nur die emotionale Leitung liefern.

Perfekt wird der Mensch erst durch seine Emotionalität

Lesen Sie doch dazu auch das wirklich interessante Buch von Daniel Goleman »EQ. Emotionale Intelligenz«. dtv, München [5]1997.

Bei allen positiven Aspekten, die uns die Aufklärung brachte, hat sie doch auch ein Problem ausgelöst. Sie kann mit Emotionen wenig anfangen. Diese Hilflosigkeit begründet sich durch den Bezug zu den Naturwissenschaften, die die Gefühlswelt bisher wenig erobert hat. Dies hat zur Folge, dass Gefühle nicht selten als etwas störendes, eine Art Fehlfunktion, betrachtet werden.

Perfekt wird der Mensch mit und durch seine Emotionalität, weil sie ihm den Antrieb und die Energie liefert, Dinge zu erforschen, zu hinterfragen, überhaupt zu tun.

»Es hat keinen Zweck, eine Arbeit zu tun, die einen nicht fesselt wie ein spannendes Spiel. Wenn sie dich nicht fesselt, wenn sie keinerlei Spaß macht, dann lass es bleiben.« (D.H. Lawrence)

Die Investition von Energien an der richtigen Stelle

Ein anderes gravierendes Merkmal für Erfolg liegt in der Steuerung des Energieverbrauchs. Hier unterscheiden sich erfolgreiche von weniger erfolgreichen Menschen in einem wesentlichen Punkt. Zur Verdeutlichung dieses Unterschieds dienen uns die Einflusskreise. Die Einflusskreise unterscheiden drei Bereiche.

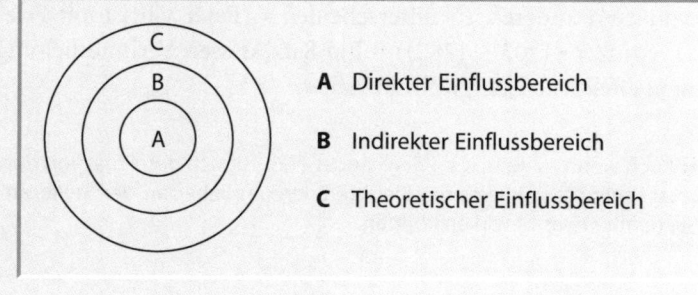

A Direkter Einflussbereich

B Indirekter Einflussbereich

C Theoretischer Einflussbereich

Im zentralen Kreis befindet sich die Person, auf die wir den größten Einfluss ausüben können. Diese Person ist logischerweise »Ich selbst«. In dem Kreis um dieses Zentrum befindet sich die Personengruppe, die mir sehr nahe steht. Meine Familie, Freunde und Kollegen. Der äußere Kreis beinhaltet die Personen und Dinge, auf die ich kaum beziehungsweise keinen Einfluss ausüben kann. Politiker, die Kirche, Wirtschaftsverantwortliche, das Wetter.

Sie können sich sicherlich an sehr viele Gespräche erinnern, in denen mit großer Motivation über die Kirche, die aktuelle Politik oder das Wetter diskutiert wurde. Erinnern Sie sich auch an die Emotionalität und das Engagement, mit denen diese Diskussionen geführt wurden. Dieses Engagement und diese Emotionalität sind nichts anderes als freigesetzte Energien. Energien, die bei den meisten zu einem Anteil von etwa 60 Prozent in den äußersten Einflusskreis, 30 Prozent in den engeren und 10 Prozent in den zentralen Kreis fließen.

Erfolgreiche Menschen zeichnen sich dadurch aus, dass die Verteilung ihres Energieeinsatzes nahezu umgekehrt aussieht. 10 Prozent in den äußeren, 30–50 Prozent in den enge-

Die beste Investition
»in sich selbst«

ren und 40–60 Prozent in den zentralen Bereich. Der entscheidende Vorteil dieser Energieverteilung ist, dass die Energien dahin geleitet werden, wo sie tatsächlich etwas bewirken und verändern können, bei mir selbst.

»Hoffentlich habe ich immer den Mut, die Dinge zu verändern, die in meinem Einflussbereich liegen, die Gelassenheit, die Dinge hinzunehmen, die ich nicht verändern kann und die Weisheit, das eine von dem anderen zu unterscheiden.« (Pater Christoph Friedrich Oettinger (1702 – 1782)) – Ein Satz, dessen Verinnerlichung zu einem effektiven Energieeinsatz leitet.

Tipp: Auch wenn es ab und zu ganz angenehm ist, sich den Frust von der Seele zu schimpfen, investieren Sie Ihre Energien lieber an der Stelle, an der Sie damit etwas bewirken können.

Die sieben Strategien, einen hohen Energielevel zu erreichen und zu halten

Unabhängigkeit von fremden Energiequellen

Verlorene Erkenntnisse wiederfinden

»*Sei aber nicht gar zu sehr ein Sklave der Meinungen anderer von dir! Sei selbstständig! Was kümmert dich am Ende das Urteil der ganzen Welt, wenn du tust was du sollst? Und was ist dein ganzer Prunk von äußeren Tugenden wert, wenn du diesen Flitterputz nur über ein schwaches, niedriges Herz hängst, um in Gesellschaften Staat damit zu machen?*« (Adolph Freiherr von Knigge)

Urlaubserkenntnisse

Die Landschaft war wirklich wunderschön. Bewaldete Hügelketten, romantische Dörfer, das Meer in unmittelbarer Nähe, eben typisch für die Toskana. Typisch war auch das Anwesen, auf dem Melanie seit vier Jahren lebte. Auf dem Plateau einer Anhöhe, von Wald umgeben, standen die Gebäude des ehemaligen landwirtschaftlichen Anwesens. Der Schweinestall war wie alle Gebäude zu Ferienwohnungen umgebaut und mit viel Liebe für Details renoviert worden. Melanie verwaltete diese Anlage für ihre Eltern.

Sie sorgte dafür, dass die Gäste sich wohl fühlten. Mit 16 hatte sie sich dafür entschieden, von ihrer bayerischen Heimat in die Toskana auszuwandern. Nach Hause fuhr sie nur noch an Weihnachten, wobei sie sich in Italien mittlerweile wirklich zu Hause fühlte. Melanie machte auf mich auf Anhieb einen offenen, freundlichen Eindruck.

So schön sie es auch fanden, hier Urlaub zu machen, Lydia (13) und Julia (11) fiel es schwer, sich mit der Entscheidung Melanies zu identifizieren. Das nächste Dorf lag etwa sieben Kilometer entfernt, die nächste Stadt sogar weit über 40 Kilometer. Der Fernseher, der im Haupthaus in einer Ecke stand, schien nur von Gästen hin und wieder eingeschaltet zu werden. Keine Diskothek, keine Modegeschäfte oder Supermärkte in der Nähe. Als Großstadtkinder hatten sie sich an die Bequemlichkeit dieser Einrichtungen gewöhnt. Das Leben, das Melanie hier führte, unterschied sich doch grundlegend von dem Gewohnten.

Melanie stellte eine Ausnahme dar, auch für italienische Verhältnisse. Die meisten Jugendlichen, die hier aufgewachsen waren, hatten es vorgezogen, in die Städte zu ziehen, in denen neben einer besseren Aussicht auf Arbeit auch wesentlich mehr Abwechslung lockte. In den Dörfern lebten daher offensichtlich nur noch ältere Menschen. Die Touristen schienen den Altersdurchschnitt erheblich zu senken.

Motive und Bedürfnisse

In der Urzeit war der Wille zu überleben der entscheidende Antrieb. Dieser Wille lieferte den Menschen die Energie zum Jagen, Kämpfen, große Wanderungen zu überstehen und vieles mehr. Nachdem wir unsere Existenz weitgehend abgesichert hatten, trat an die Stelle des Überlebenswillens der Glaube und die Religion. Die Kleriker bestimmten den Lebenssinn und lieferten mit dem Vorbild eines christlichen Lebens die Motivation.

Mit dem weitgehenden Verlust dieses Glaubens entstand ein Motivationsvakuum, das dringend ausgefüllt werden musste. Die Wissenschaft gab uns trotz aller Erkenntnisse keine Antwort auf die Frage nach dem Sinn und damit die Motivation des Lebens. Nun könnten wir annehmen, dass die große materielle Absicherung und die Unabhängigkeit, die wir heute *Die Veränderung der Bedürfnisse im Lauf der Zeit* genießen, eine sehr individuelle Motivlage und damit ein breites Spektrum an Lebensformen entstehen ließen. Tatsächlich erleben wir eine sehr große Konformität bei der Prägung der Lebensziele.

Heute haben wir weitgehend Prestige, Ansehen, Luxus und Macht an diese Stelle gesetzt. Diese Prioritätensetzung der Bedürfnisse wird mittlerweile weltweit verbreitet und findet überall eine hohe Akzeptanz. Die Gleichschaltung der Bedürfnisse stellt den wesentlichen Teil der Globalisierung dar. Dahinter verbergen sich neben den kommerziellen auch Sicherheitsinteressen. Das Luxuscabrio, die Markenkleidung bestimmter Hersteller, der Luxusurlaub und die Penthousewohnung sind vor allem bei Jugendlichen weltweit begehrte Ziele.

Folglich werden wir in unserer Motivation nach wie vor weitgehend fremdbestimmt. An die Stelle der Natur und der Religion als Orientierungsgeber sind die Wirtschaft und die *Die weltweite* Gesellschaft getreten. Nachdem das Angebot *Globalisierung der* von Waren die Nachfrage überstiegen hatte, ent- *Bedürfnisse* deckten die Marketingstrategen die Weckung und Steuerung von Bedürfnissen als neue Strategie. Mit der weltweiten Übernahme dieser vorgegebenen Ziele beginnt ein harter Konkurrenzkampf und zwar um Prestige und Anerkennung, denn dies sind die wahren Ziele dieses Wettbewerbs.

Melanies Lebensführung ist ein Hinweis auf die Vielfalt der individuellen Definitionen für Erfolg. Immer mehr Menschen suchen eine Alternative zu diesen materiellen Zielen. Selbstbewusstsein bedeutet das Bewusstmachen der eigenen individuellen Bedürfnisstruktur. Das Ergebnis liegt in einer Steigerung der Selbstbestimmung und damit in einer wesentlich nachhaltigeren Motivation, wie es Freiherr von Knigge in dem einleitenden Zitat bereits vor langer Zeit so trefflich beschrieben hat. Selbstvertrauen liefert die Zuversicht, diese Selbstbestimmung in Handeln umzusetzen.

Maslow hat die Bedürfnisse des Menschen in fünf Bereiche eingeteilt und die Beziehung dieser Bereiche in seiner Bedürfnispyramide dargestellt. An erster Stelle steht hier die *Selbstbewusstsein ist* Befriedigung der physiologischen Grundbe- *die Kenntnis der* dürfnisse wie Hunger, Durst, Trieb. Sind diese *eigenen Bedürfnisse* primären Bedürfnisse befriedigt, trachtet der Mensch nach Schutz und Sicherheit in Form einer Behausung, die ihn vor Feinden oder Wettereinflüssen schützt und einem Vorratslager, um die Grundbedürfnisse für eine absehbare Zeit abdecken zu können.

Auf der nächsten Stufe steht das Bedürfnis nach sozialen Kontakten. Der Mensch ist ein Gruppenlebewesen. Ist die Quantität der Kontakte sichergestellt, spielt die Qualität die nächste Rolle. Aner-

kennung, Wertschätzung und Zuneigung sind die Ziele in diesem Bereich.

Haben wir auch diese Ziele erreicht, gilt es die höchste Bedürfnisstufe zu erklimmen, die der Selbstverwirklichung. Die Wege für diese Aufgabe sind sehr individuell. Kunst und Kultur, Hobby, Glaube, Luxus sind Möglichkeiten, seine persönliche Selbstverwirlichung zu definieren. In dieser Stufe entwickeln wir immer neue Richtungspunkte, sodass es scheint, als wäre die Entwicklung hier nie abgeschlossen.

Dieses Modell gibt uns wichtige Hinweise für unsere Handlungsmotive. Nur wenn wir uns der Stufe bewusst sind, auf der wir uns bewegen, können wir die richtigen Strategien für ihre Befriedigung entwickeln.

Während des Krieges in Jugoslawien wurde ein älterer Mann von einem Fernsehteam interviewt, als er gerade dabei war, an einer Wasserstelle Trinkwasser zu beschaffen. An dieser Wasserstelle starben täglich Menschen, weil sie von Scharfschützen regelmäßig unter Beschuss genommen wurde. Es stellte sich heraus, dass der Mann vor dem Krieg als Professor an einer renommierten jugoslawischen Universität gelehrt hatte.

Innerhalb kurzer Zeit hatten sich seine Handlungsmotive von der Spitze der Pyramide auf die unterste Sufe verlagert.

Erkennen Sie Ihre Bedürfnisse

Gehen Sie diese Pyramide nun von unten nach oben gedanklich durch und beantworten Sie dabei die folgende Frage: In welchem Maß ist dieser Bedürfnisbereich bei mir abgedeckt?

Markieren Sie die Bereiche entsprechend mit:
☺ = voll abgedeckt ☺ = meist abgedeckt ☹ = nicht abgedeckt

Erste Stufe: Sind die lebenswichtigen Grundbedürfnisse wie Hunger und Durst
abgedeckt? ☺ ☺ ☹

Zweite Stufe: Mache ich mir Sorgen, dass diese
Grundbedürfnisse in naher Zukunft
nicht mehr abgedeckt werden können?
Bin ich finanziell durch meinen Beruf
oder andere Zuwendungen so abgesichert, dass dies auch für die nahe
Zukunft gesichert ist. Habe ich ein Dach
über dem Kopf? ☺ ☺ ☹

Dritte Stufe: Fühle ich mich des Öfteren vereinsamt
oder allein? Komme ich in meinem
Beruf oder in meiner Freizeit ausreichend
mit anderen Menschen in Berührung? ☺ ☺ ☹

Vierte Stufe: Erhalte ich durch mein Umfeld (Familie,
Freunde, Chef/in, Kollegen, Mitarbeiter)
ausreichend Wertschätzung und
Anerkennung? ☺ ☺ ☹

Fünfte Stufe: Besitze ich genug Gelegenheit,
meine individuellen Ziele (Träume) zu
verwirklichen? ☺ ☺ ☹

Meist sieht die Bewertung in den unteren drei Stufen sehr positiv aus. Bei der vierten Stufe treten die ersten Mängel auf. Die oberste Stufe wird dagegen selten vollständig abgedeckt sein. Selbst Menschen wie der Dalai Lama oder Bill Gates werden hier immer wieder auf neue Bedürfnisse stoßen.

Die Bedürfnisstufe nach Wertschätzung und Anerkennung stellt den Wendepunkt dar. Hinter vielen Verhaltensweisen im täglichen Leben steht der Mangel an Anerkennung:

● Bei dem Unternehmer, der sich bei der Zugschaffnerin heftig beschwert, dass er als Kunde in der ersten Klasse nicht ausreichend über seine Anschlussmöglichkeiten informiert wurde.

● In dem vordergründig arroganten Auftreten der Unternehmergattin, das in Wirklichkeit ein Hilfeschrei nach Anerkennung ist, weil sie diese auf Grund ihrer Lebensführung nur selten erhält. Am ehesten in Form von Neid, der sich jedoch nicht auf ihre Person, sondern auf ihren Luxus bezieht.

● Bei dem hilfsbereiten Kollegen, der den anderen jeden Wunsch von den Augen abliest, immer für gute Stimmung sorgt und sich von den Kollegen dafür die Wertschätzung erhofft, die er eventuell wegen mangelnder Fachkenntnis nicht erhält.

● Oder der älteren Dame, die beim Arztbesuch ausführlich ihr sorgenvolles Leben schildert und sich darüber freut, dass ihr endlich jemand zuhört und sich für sie interessiert.

Mit diesen Verhaltensweisen wird ein Kampf um Energien eingeleitet, aus dem oft alle als Verlierer herausgehen. Denn natürlich möchte die Zugschaffnerin auch von dem Unternehmer respektvoll behandelt werden, und der Arzt einmal seine Sorgen bei einem anderen Menschen abladen. Somit stehen wir alle in einem ständigen Wettbewerb um Energien in Form von Interesse, Anerkennung und Wertschätzung. Dieser Wettbewerb hat zur Folge, dass andere Personen als Energiequelle für uns in den Mittelpunkt gerückt sind.

Der Kampf um Energien endet meist ergebnislos

Bleibt die erwünschte Reaktion und damit die Zuwendung von Energie aus, sind wir unglücklich und fühlen uns niedergeschlagen. Diese Abhängigkeit von der Anerkennung anderer ist somit höchst riskant. Zumal jeder von uns Anerkennung bekommen, jedoch nicht oder nicht in gleichem Maß geben will. Wirklicher Energiegewinn entsteht aus Begeisterung und nicht aus der Chance, für etwas belohnt zu werden. Das Energiepotenzial, das in uns selbst steckt, ist nahezu unerschöpflich. Wir brauchen nur die Mechanismen wieder zu entdecken, diese Energiequelle zu nutzen. Für die Befreiung von dieser Abhängigkeit sind zwei Dinge erforderlich:

● Zurzeit wählen wir alle zunehmend den gleichen Weg, um an Anerkennung und Wertschätzung zu gelangen. Den materiellen Weg. Mit einer regelrechten Schlacht um materielle Dinge, insbesondere Luxusartikel versuchen wir ein Selbstwertgefühl aufzubauen und die Wertschätzung der anderen zu erobern. Wir glauben, dass diese Anhäufung von Luxusartikeln unser Selbstwertgefühl steigert und andere dazu veranlasst, uns Wertschätzung entgegenzubringen. Da wir jedoch alle den gleichen Weg gewählt haben, sind wir zu Konkurrenten geworden. Zudem bringt der Luxus des Einzelnen keinen Nutzen für die Gemeinschaft, was der ursprüngliche Auslöser für Anerkennung durch die Gruppe war. Dieser Weg ist nach meiner festen Überzeugung ein Irrweg. Wenden wir uns wieder den anderen direkt zu und hören wir auf, die Anerkennung über materielle Ziele zu erreichen.

● Die Stufe der Selbstverwirklichung scheinen viele gleichgesetzt zu haben mit dem Bereich der Anerkennung. Das mag mit dem Starkult um Prominenz zusammenhängen, bedeutet jedoch eine Einengung des Spektrums im Bereich Selbstverwirklichung. Gerade dieser Bereich lebt von der individuellen Note des Einzelnen. Kulturelle und wirtschaftliche Weiterentwicklung ist aus dieser individuellen Motivation entstanden. Eine Gleichschaltung würde einen herben Verlust von Innovation mit sich führen.

Melanies Entscheidung hat mir gezeigt, dass es verschiedene Wege gibt, die Stufen der Bedürfnispyramide zu erklimmen. Wenn man sie fragt, ob sie glücklich ist, antwortet sie nicht mit: »Na ja, es geht schon.«

Tipp: Die Kenntnis über die eigenen Bedürfnisse bedeutet den wichtigsten Schritt auf dieser Entdeckungsreise. Finden Sie darüber hinaus Ihre alternativen, von anderen Personen unabhängigen Energieoasen.

Energieoasen zeichnen sich dadurch aus, dass sie uns unabhängig von anderen Menschen Energie liefern. Sie eignen sich zum Auftanken und Regenerieren. Diese Energietankstellen sind individuell und sollten regelmäßig aufgesucht werden. Zur Bewertung und Auswahl dieser alternativen Energieoasen bekommen Sie hier eine Auflistung von Möglichkeiten:

- Einen Ausflug oder den Urlaub planen.
- Sich künstlerisch betätigen.
- Zu einer Sportveranstaltung gehen.
- Romane, Gedichte oder Erzählungen lesen.
- Positive Zukunftspläne schmieden.
- Sich mit Tieren beschäftigen.
- Ein persönliches Problem lösen.
- Ein Entspannungsbad nehmen.
- Vor sich hin singen.
- Fröhlich sein, gute Stimmung verbreiten.
- Gartenarbeit.
- Tanzen.
- In der Sonne sitzen.
- Den Geräuschen in der freien Natur zuhören.
- Den Himmel, Wolken oder einen Sturm beobachten.
- Sich im Freien aufhalten.
- Gut essen.
- Wandern.
- In eine Wellness-Ose oder Sauna gehen.
- Etwas Neues lernen.
- Essen kochen.
- Zeitung lesen.
- Schwimmen, Laufen, Joggen, Gymnastik.
- Musik hören.
- Barfuß laufen.
- Ausschlafen.
- Leute beobachten.
- Über eine interessante Frage nachdenken.
- Einen Spaziergang machen.
- Ein Konzert, eine Opern- oder Ballettaufführung besuchen.

Die Bereitschaft zur Veränderung

Erfolg liegt außerhalb der Gewohnheit

»Man glaubt es gar nicht, welch ein eintöniges Wesen man wird, wenn man sich immer in dem Zirkel seiner eignen Lieblingsbegriffe herumdreht, und wie man dann alles wegwirft, was nicht unser Siegel an der Stirne trägt.« (...)
»Wer nur solche Zirkel sucht, in welchen er geschmeichelt wird, verliert so sehr den Geschmack an der Stimme der Wahrheit, dass er diese Stimme zuletzt nicht einmal mehr aus sich selber hören mag; er rennt dann lieber, wenn das Gewissen ihm dennoch unangenehme Dinge sagt, fort, in das Getümmel hinein, wo diese wohltätige Stimme überschrien wird.« (Adolph Freiherr von Knigge)

Die Genialität des Kleinkindes

Nicht auszudenken, wenn wir immer so träge und einfallslos gewesen wären. Wir würden heute noch auf allen Vieren herumkrabbeln. Unserer Neugier sei Dank, fassten wir eines Tages den Entschluss, eine neue Art der Fortbewegung zu erlernen. Wir suchten uns ein Hilfsmittel, zum Beispiel einen Stuhl oder Mamas Bein und probierten, uns auf unsere Füße zu stellen. Selten gelang dies auf Anhieb. Eine Vielzahl von Versuchen, die oft sehr schmerzhaft auf dem Hosenboden endeten, war erforderlich, bis wir es einigermaßen sicher im Griff hatten. Aber weder die zahlreichen Fehlversuche noch die dabei erlittenen blauen Flecken konnten uns aufhalten. Alle haben wir, und zwar aus eigenem Antrieb (oder mussten Ihre Eltern Sie ständig dazu auffordern?) Stehen und Gehen erlernt. Die Neugier, Kreativität und Ausdauer, die uns dies ermöglichten, befähigten uns auch zu anderen sensationellen Leistungen, die allerdings von unseren Eltern nicht immer gebührend gewürdigt wurden. Die Bedienung der Stereoanlage zum Beispiel hatten wir schnell herausgefunden, insbesondere die Regelung der Lautstärke. Auch die Überwindung der Hindernisse, die unsere Mutter zwischen uns und die Keksdose gelegt hatte, bedeuteten keine wirkliche Herausforderung. Irgendetwas muss in der Zwischenzeit mit uns geschehen sein, das uns diese Kompetenzen zu einem großen Teil gestohlen hat. Die meisten nennen es, glaube ich, Erziehung.

Gewohnheiten und Veränderungen

Was die Gegenwart am trefflichsten charakterisiert und von allen anderen Epochen unterscheidet ist die zunehmende Geschwindigkeit der Veränderungen. Diese Rasanz resultiert zum einen aus der Erweiterung des Wissens und zum anderen aus der zunehmenden Geschwindigkeit der Verbreitung des bestehenden Wissens. In der Arbeitswelt schaffen neue Technologien immer neue Möglichkeiten, alte Berufe verschwinden genauso schnell wie neue entstehen, eine Vielzahl von neu gegründeten Unternehmen steht eine noch nie vorhandene Firmenpleitenwelle gegenüber. Die Produkte werden zunehmend austauschbar, und die Ansprüche der Menschen von kurzlebigen Modetrends bestimmt. Diese Rasanz fordert von erfolgreichen Unternehmen und Menschen eine ständig steigende Flexibilität. Wer sich heute auf die Erfolgskonzepte verlässt, die vor 20 Jahren galten, geht damit ein Risiko ein, von anderen überrannt zu werden.

Die unglaubliche Geschwindigkeit der Veränderungen

Noch nie war die Bereitschaft zur Veränderung und zu lebenslangem Lernen eine so wichtige Voraussetzung für beruflichen Erfolg wie heute. Diese Kompetenz, bestehende Erfahrungen und Verhaltensweisen zu überprüfen, entspricht jedoch nicht in jedem Fall der menschlichen Natur. Meist ist erst ein gewisser Leidensdruck erforderlich, bis wir bereit sind, unsere Gewohnheiten in Frage zu stellen. In der Schnelllebigkeit unserer Zeit ist diese Trägheit jedoch ein Luxus, den wir uns nicht mehr leisten können, denn ist der Leidensdruck erst einmal vorhanden, lässt sich der Negativtrend schwer stoppen.

Verhaltensänderungen sind immer verknüpft mit Einstellungsänderungen. Einstellungsänderungen sind die größte Herausforderung des Menschen. Zur Verdeutlichung dieser Herausforderung ein kleiner Test.

Übung zur Flexibilität

Verschränken Sie jetzt einmal spontan Ihre Arme und bewerten Sie, wie angenehm oder unangenehm Sie sich dabei fühlen. Betrachten Sie nun Ihre Armverschränketechnik. Welche Finger werden sichtbar, welcher Unterarm liegt oben.

Als Nächstes lösen Sie die Verschränkung auf und verschränken Ihre Arme genau spiegelverkehrt, sodass der andere Unterarm oben liegt und die Finger der anderen Hand sichtbar werden. Bewerten Sie nun, ob ein emotionaler Unterschied zu der »normalen Verschränkung« zu bemerken ist. Viele werden ein paar Sekunden für die Veränderung benötigt haben und bei den meisten dürfte das Gefühl in der neuen Haltung eher ungewohnt oder unangenehm ausfallen.

Selbst eine vergleichsweise kleine Veränderung bedarf somit eines gewissen Aufwands und bis wir uns so richtig damit wohl fühlen, wird bestimmt eine gewisse Zeit vergehen. Wie groß dürfte der Aufwand und das Unbehagen erst bei Einstellungen und Verhalten werden, die uns jahrelang lieb und teuer waren und die uns in der Vergangenheit auch einige Erfolge ermöglichten.

Veränderungen sind schmerzhaft, aber oft lohnend

Ich erinnere mich an die Phase, in der die ersten Computer in den Behörden und Verwaltungen auftauchten. Für viele war dies ein schlimmer Moment. Vor allem für diejenigen, für die das Beherrschen der Schreibmaschine schon eine Herausforderung darstellte. Einige von den Angesprochenen entwickelten nun hervorragende Strategien, diese Neuerung zu umgehen. Kollegen bestechen, im richtigen Augenblick abwesend sein, sich gute Ausreden ausdenken, warum die Arbeit noch nicht erledigt werden konnte. Auch in diesem Fall hätte ein Bruchteil der dabei eingesetzten Energie ausgereicht, sich die neue Kompetenz anzueignen.

Tipp: Die richtigen Schritte im Umgang mit Veränderungen sind daher:

- Welche Kompetenzen benötige ich, die auf mich einwirkenden Veränderungen zu bewältigen, beziehungsweise zu meinem Vorteil werden zu lassen?
- Wie kann ich mir diese Kompetenzen möglichst schnell aneignen?

Der Erfolg hängt heute nicht nur von einer schnellen Reaktionsfähigkeit, sondern vielmehr von der Fähigkeit ab, die zukünftige Entwicklung bewerten zu können und daraus die richtigen Entscheidungen abzuleiten. Dies erfordert von verantwortlichen Führungskräften ein hohes Maß an Innovation und Kreativität.

Tests zur Überprüfung Ihrer Kreativität und Flexibilität

Test 1: Sie sehen hier neun in einem Quadrat angeordnete Punkte. Verbinden Sie alle diese Punkte mit vier aneinanderhängenden geraden Linien.

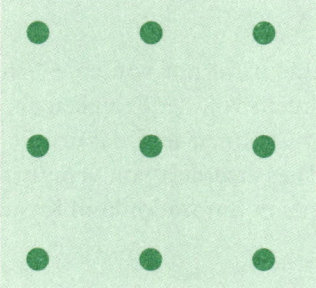

Kleiner Tipp: Es lohnt sich manchmal, sich außerhalb der gedachten Grenzen zu bewegen. (Die Lösung finden Sie am Ende des Buches.)

Kinder besitzen ein riesiges Kreativitätspotenzial. Lernen und Erfahrungen sammeln bringt neben vielen positiven Hilfen leider auch einen Rückgang der Kreativität mit sich, weil wir uns auf die gelernten Muster verlassen. Deshalb ist die schwierigste Aufgabe beim Finden neuer Lösungen das Vergessen. Wie schnell wir uns an Lösungsmuster gewöhnen zeigt eine andere Testreihe.

Test 2: Unterteilen Sie die Figur in vier identische geometrische Figuren:

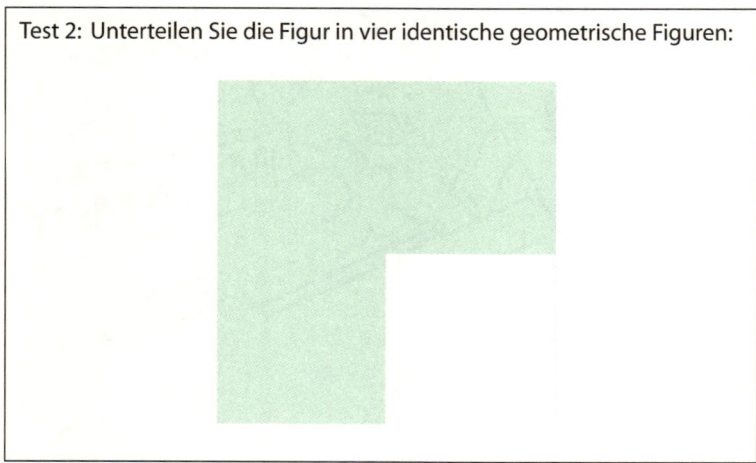

Jetzt unterteilen Sie das Quadrat mit fünf gleichen Figuren:

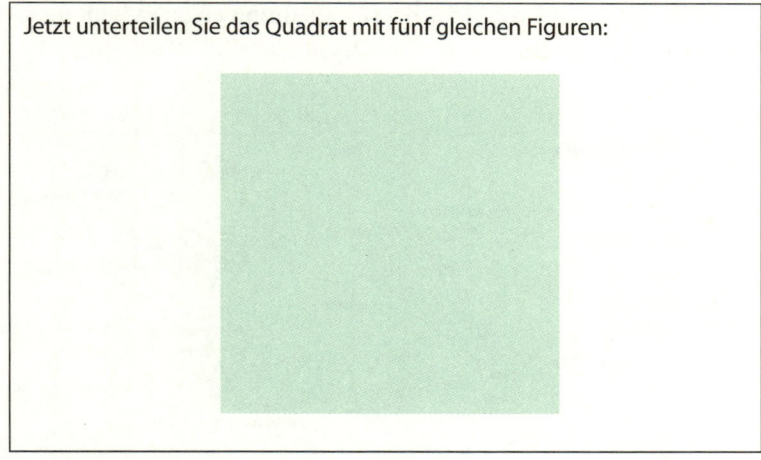

Hätte ich diese Aufgabe zuerst gestellt, wären die meisten von Ihnen schneller auf die Lösung gekommen. Durch die vorangegangene Aufgabenstellung hat sich jedoch ein Lösungsschema eingeprägt, das die Lösung der zweiten Aufgabe erschwert hat.

Diese Art von Lernen ist allgegenwärtig. Wir erleben eine Situation. Die Erfahrung, die mit dieser Situation verbunden ist, wenden wir bei der nächsten, ähnlich scheinenden Situation wieder an. Selbst wenn wir diesmal mit unserem Verhalten einen Misserfolg ernten, verteidigen wir unsere Erfahrung. Erst wenn wir wiederholt mit diesem Lösungsmuster erfolglos waren, ist der Leidensdruck vielleicht hoch genug, über Alternativen nachzudenken. Mit Lernen ist daher auch die Gefahr einer Verringerung der Kreativität verknüpft.

Erfahrung ist das Ende der Fantasie

Eine sehr gute Möglichkeit das kreative Spektrum immer wieder zu erweitern, bietet die Arbeit mit dem so genannten Mind-map. Dieses Mind-map verbindet die Kreativität des Brainstormings mit einer Struktur. Ausgehend von einem Schlüsselbegriff gruppieren sich alle untergeordneten Begriffe um diesen Ausgangspunkt. Zu diesen Begriffen ergeben sich weitere Untergliederungen und Querverbindungen. So entsteht ein vernetztes Gebilde, das einer Straßenkarte gleicht und der Struktur unseres Gehirns sehr entspricht.

Beispiel: Ausgehend von dem Begriff »Planung einer Präsentation« habe ich ein Mind-map exemplarisch entwickelt.

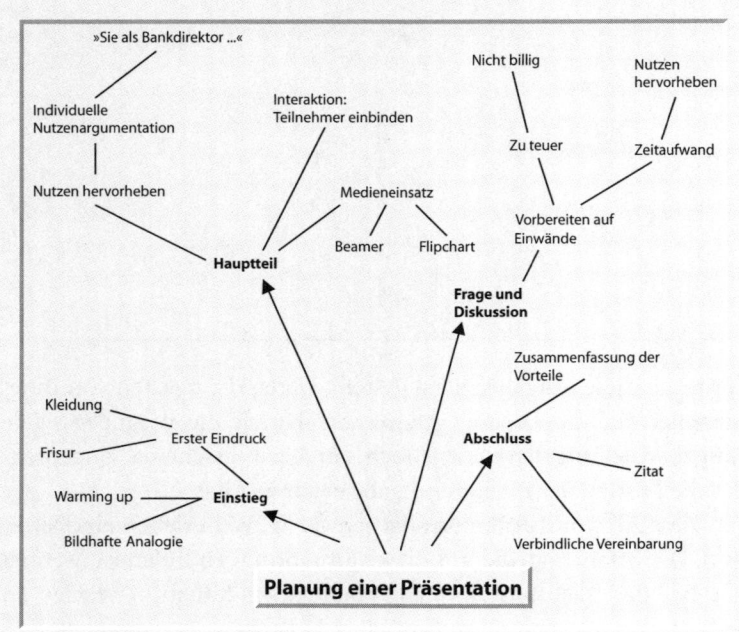

 Tipp: Trainieren Sie immer wieder Ihre Kreativität. Viele Spiele sind dafür besonders geeignet. Wenn Sie kreativ arbeiten wollen schaffen Sie um sich herum eine entsprechende Atmosphäre.
Benutzen Sie auch spielerische Methoden, wenn Sie in einem Team kreative Lösungen entwickeln wollen.

Das Steuerungsinstrument des Anspruchs

Energiespender mit erwünschter Nebenwirkung

»*Miss Dein Verdienst (...) nach den Graden deiner Fähigkeiten, Anlagen, Erziehung, und der Gelegenheit, die du gehabt hast, weiser und besser zu werden als viele! Halte hierüber oft in einsamen Stunden Abrechnung mit dir selber, und frage dich, wie ein strenger Richter, ob du alle diese Winke zu höherer Vervollkommnung genützt habest!*«* (Über den Umgang mit Menschen)

Michael Jordan, der Überflieger

Wenn ich Michael Jordan Basketball spielen sah, hatte ich das Gefühl, dass die anderen hoch bezahlten Spieler der amerikanischen Profiliga nur Statisten darstellten. Die Leichtigkeit und Eleganz, mit der er seine Gegner umkurvte, erweckte in mir manchmal den Verdacht, dass er die Gegenspieler bestochen haben musste. Ein absurder Gedanke, denn keiner dieser Multimillionäre würde sich den Traum einer Meisterschaft durch die Annahme von Bestechungsgeldern entgehen lassen. Michael »Air« Jordan gilt heute unumstritten als der beste Spieler aller Zeiten.

Erfolg ist das Ergebnis unseres Anspruchs

Er selbst bezeichnet einen Misserfolg als den entscheidenden Auslöser für diese Erfolgsstory. In jungen Jahren flog Jordan aus einem Highschool-Team, weil ihm nach Ansicht des Trainers das Talent für einen guten Spieler fehlte. Nach eigener Aussage fasste Michael in diesem Moment den Entschluss, der beste Basketballspieler der Welt zu werden. Dieser Entschluss war seitdem sein ständiger Begleiter und lieferte ihm die Energie, hart zu trainieren und viele andere Dinge zu entbehren.

Margarethe Thatcher ist ein anderes Beispiel für einen Menschen, der sehr früh einen hohen Anspruch formulierte. Als sie zehn Jahre alt war, verkündete sie in einem Supermarkt auf die Frage, was sie einmal werden wolle:»Ich werde einmal dieses Land regieren«.

Anspruch und Wirkung

Wie ein roter Faden zieht sich der hohe Anspruch an das eigene Leben durch die Biografien außergewöhnlich erfolgreicher Menschen. Dieses Phänomen beruht auf zwei Gesetzmäßigkeiten:

- Reales entsteht immer zweimal. Zuerst in den Gedanken eines Menschen, dann in der Realität.
- Es besteht ein Zusammenhang zwischen Anspruch und Energie.

Stellen Sie sich vor, Sie haben die Absicht ein Haus zu bauen. Damit dieses Haus in der Realität entstehen kann, brauchen Sie erst einmal eine Vorstellung von Größe, Aussehen und Ausstattung des Hauses. Diese Regel gilt für alles, was Menschen je geschaffen haben. Erst existierte eine Vorstellung von diesen Dingen, dann wurden sie in die Realität umgesetzt. Darüber hinaus steuern wir mit unserem Anspruch die Menge an Energie, die uns von unserem Organismus zu Verfügung gestellt wird. Nehmen wir an, Sie wachen morgens auf, an einem Tag, an dem Sie sich nichts vorgenommen haben, außer zu faulenzen. Das Motto für diesen Tag lautet: *Hoffentlich habe ich heute meine Ruhe und kann ausspannen.* Wie viel Energie wird uns unser Organismus an so einem Tag zur Verfügung stellen?

Je höher der Anspruch, desto größer die bereitgestellte Energiemenge

Der Unterschied zu einem Tag, von dem wir wissen, dass er hohe Anforderungen an uns stellt, ist gravierend. Nicht nur wenn wir müssen, sind wir in der Lage große Kraftakte zu bewältigen, auch wenn wir wollen.

Der Anspruch hat gegenüber dem Ziel den Vorteil, noch nicht konkret festgelegt zu sein und dennoch zu einer Erhöhung des Energielevels zu führen. Des Weiteren ist Anspruch gegenüber dem kog-

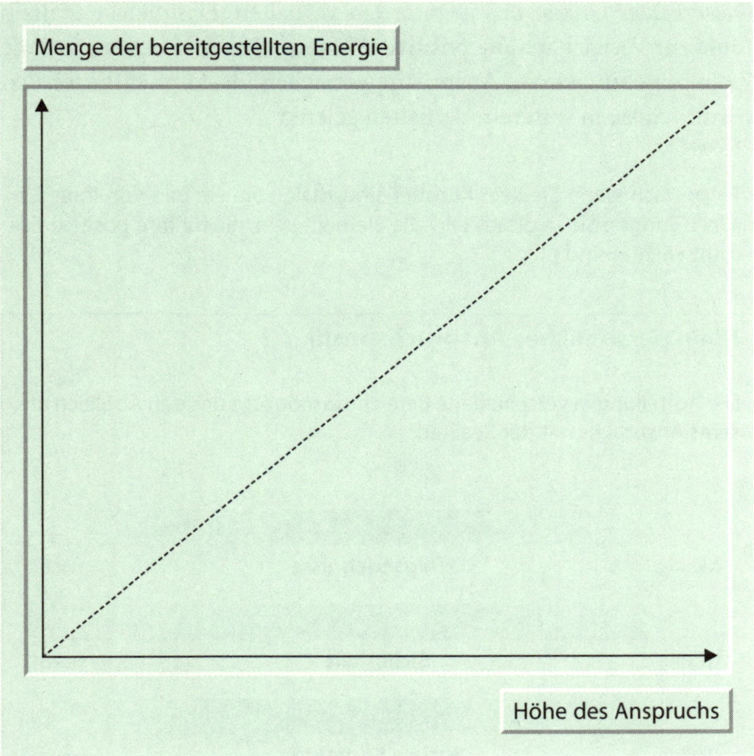

Menge der bereitgestellten Energie

Höhe des Anspruchs

nitiven Ziel ein eher emotionaler Begriff und damit mit einem höheren Energiepotenzial behaftet. Genau wie das Ziel muss der Anspruch immer positiv formuliert sein.

Denken Sie jetzt nicht an einen kleinen Affen, der mit einem roten Ball spielt. Je öfter Sie diesen Satz wiederholen, desto konkreter wird das Bild von dem Affen mit dem Ball. Stellen wir uns eine junge Frau vor, die sich den Vorsatz gibt, nie so zu werden wie ihre Mutter. Je öfter sie diesen Satz: »Ich möchte nie so werden wie meine Mutter« gedanklich wiederholt, desto größer ist die Gefahr, dass eines Tages ihre beste Freundin zu ihr sagt: »Was ich dir schon immer einmal sagen wollte, du bist in deiner Art genauso wie ...«, denn bei jeder Wiederholung des Gedankens erscheint das Bild ihrer Mutter vor dem geistigen Auge der Frau.

Diese Bilder lenken uns in unserem Verhalten. Das gleiche Prinzip führt zur Verwirklichung positiver Vorsätze. Je bildlicher wir uns die Ziele beziehungsweise Ansprüche vorstellen, desto präziser werden wir durch sie in unserem Verhalten gelenkt.

Tipp: Auch wenn Sie kein Künstler sind, malen Sie ein Bild von Ihrer Zukunft. Bringen Sie in dieses Bild alle Elemente ein, die für Ihre positive Zukunft wichtig sind.

Mein persönliches Anspruchsprofil

Die Aufteilung in verschiedene Bereiche ermöglicht uns den Abgleich unseres Anspruchs mit der Realität.

Niedrig	**Erfolgserlebnisse**	Hoch
Niedrig	**Sicherheit**	Hoch
Niedrig	**Soziale Kontakte**	Hoch
Niedrig	**Stressdosis**	Hoch
Niedrig	**Einkommen**	Hoch
Niedrig	**Anerkennung**	Hoch
Niedrig	**Freizeit**	Hoch
Niedrig	**Selbstverwirklichung**	Hoch

Sie sehen in der Übung eine Art »Laufbahn«. Nutzen Sie diese Laufbahn dazu, sich ihrer beruflichen Situation bewusst zu werden. Dafür geben Sie für jede der sieben Bereiche eine Bewertung ab. Wie wichtig ist Ihnen der angesprochene Bereich. Je höher die Ansprüche, desto weiter rechts liegt die Markierung auf der Linie (eine kurze Definition der einzelnen Bereiche folgen weiter unten).

Natürlich liegen die Schwerpunkte in den Bedürfnissen bei jedem Menschen anders. Das hängt von seinem Umfeld und seiner erzieherischen Prägung ab.

Zu den einzelnen Bereichen gilt Folgendes festzuhalten:

- Erfolgserlebnisse: Wie wichtig ist für Sie das Gefühl, etwas erreicht zu haben, über das Sie sich persönlich freuen können.
- Sicherheit: Hier geht es um die Existenzsicherung von Ihnen und Ihrer Familie. Unkündbarkeit, Krisenstabilität und Sicherheit des Einkommens sind hier die entscheidenden Faktoren.
- Soziale Kontakte: Wie wichtig ist für Sie der Kontakt zu anderen Menschen im Beruf? Arbeiten Sie gerne im Team? Wie groß sollte die Vielfalt der Menschen sein, mit denen Sie zu tun haben?
- Stressdosis: Wie hoch ist Ihre Belastbarkeit und welche Belastungen wollen Sie beruflich einbringen? Wie viele Stunden sind Sie bereit, für den Beruf zu investieren?
- Einkommen: Natürlich spielt auch dies eine Rolle. Welchen Anspruch haben Sie an Ihr Einkommen? Welche Höhe können Sie als Minimum akzeptieren?
- Anerkennung: Welche Rolle spielt die Anerkennung in Ihrem Leben? Inwieweit möchten Sie diese Anerkennung durch den Beruf abdecken?
- Freizeit: Wie viele Hobbys besitzen Sie und wie hoch ist die Bedeutung der Freizeit für Sie und Ihre Familie?
- Selbstverwirklichung: Inwieweit wollen Sie sich und Ihre Fähigkeiten in den Arbeitsprozess einbringen? Ist es für Sie wichtig, Entscheidungsträger zu sein oder zu werden? Möchten Sie Ihre eigenen Ideen in Ihrer Arbeit verwirklichen?

Nachdem Sie Ihre persönlichen Ansprüche an Ihren Beruf durch Markierungen auf den Linien definiert haben, legen Sie nun in einer anderen Farbe fest, wie stark Ihr aktueller oder angestrebter Beruf diese Bereiche abdeckt. Bietet Ihnen Ihr Beruf zum Beispiel sehr viel Freizeit, dann wird diese neue Markierung sehr weit rechts auf dem Pfeil liegen.

Es werden sich je nach Berufsart charakteristische Bewertungen wiederfinden. Ein Beamter wird im Bereich Sicherheit eine Position nahe der Ziellinie erreichen, dafür aber im Bereich Selbstverwirklichung einen niedrigeren Wert festhalten. Der Leiter eines Unternehmens wird dagegen im Bereich Freizeit, Stressdosis oder auch soziale Kontakte schlechtere Werte erzielen und ein Selbstständiger im Bereich Sicherheit weit hinten liegen.

Unterschiedliche Berufe für unterschiedliche Ansprüche

Betrachten Sie nun die Übereinstimmung der beiden Markierungen in den einzelnen Bereichen. Stimmen sie weitgehend überein, herzlichen Glückwunsch. Sie haben einen Beruf gewählt, der Ihre Ansprüche erfüllt. Sollten sich in einzelnen Themen Unterschiede aufzeigen, fragen Sie sich, wie Sie diese Differenz in Ihrer Tätigkeit ausgleichen können. Gelingt dies nicht, bieten Freizeit und Hobby eventuell die Möglichkeit zur Kompensation. Unterscheiden sich die Bewertungen in mehreren Abschnitten gravierend, sollten Sie sich die Frage stellen, ob eine berufliche Veränderung sinnvoll sein könnte. Übrigens ist Unterforderung im Bereich Stressdosis und Selbstverwirklichung ein Faktor, der sich langfristig ebenfalls extrem negativ auf die Zufriedenheit auswirkt.

Tipp: Verfahren Sie nach dem System love it, change it or leave it. Fragen Sie also:

- Wie glücklich bin ich mit der Situation?
- Was kann ich verändern, um in dieser Situation glücklicher zu werden?
- Da ich die Situation nicht verändern kann, verlasse ich sie.

Chancen und Möglichkeiten

In China ein und dasselbe

»*Die Stimmung des Gemüts hängt von Temperamenten, sowie von Gesundheit und von inneren und äußeren Verhältnissen ab. Echte muntre Laune aber pflegt ansteckend zu sein, und diese Epidemie hat etwas so Wohltätiges, es ist ein so wahres Seelenglück, einmal alle Sorgen und Plagen dieser Welt weglachen zu dürfen, dass ich dringend anrate, sich zur Munterkeit anzufeuern und wenigstens ein paar Stunden in der Woche auf diese Weise der gesitteten Fröhlichkeit zu widmen.*« (...)

»*Vor allen Dingen wache über dich, dass du nie die innere Zuversicht zu dir selber, das Vertrauen auf Gott, auf gute Menschen und auf das Schicksal verlierst.*« (Adolph Freiherr von Knigge)

Dünger auf die richtigen Pflanzen

Stellen Sie sich einmal einen Gärtner bei der Gartenarbeit vor. In seinem Garten beginnen zwei kleine Pflanzen zu sprießen. Beide Pflanzen haben die Eigenschaft, sehr schnell wachsen zu können. Bei guter Düngung verflechten sie sich zu einem undurchdringbaren Dickicht. Je größer sie werden, desto dichter wird die Verflechtung ihrer Äste und Zweige, bis hin zu einem riesigen undurchdringbaren Geflecht. Jede dieser Pflanzen hat die Eigenschaft, eine große Ausdehnung erreichen zu können. Beiden Pflanzen gelingt dies jedoch nur, wenn sie ständig mit Dünger des Gärtners versorgt werden, wobei jede der Pflanzen der anderen den Dünger zu stehlen versucht und dies auch gelingt, sobald eine Pflanze durch ihre Größe an Dominanz gewonnen hat.

Neben so viel Gemeinsamkeiten existieren jedoch auch Unterschiede. Die eine Pflanze bildet keine Blüten, sondern nur starke

Äste mit großen, scharfen Dornen, an denen sich der Gärtner immer wieder sticht. Die Früchte dieser Pflanze sind sehr schwer verdaulich und führen zu Magenproblemen und Unwohlsein. Auch ihr Anblick löst bei den Menschen unangenehme, bedrückende Gefühle aus. Die andere breitet sich im Garten sehr harmonisch aus. Sie bildet wunderschöne Blüten und verströmt einen aromatischen Duft. Die Früchte, die an ihr reifen haben einen leicht süßlichen, saftigen Geschmack. Ihr Aussehen löst Erinnerungen an Urlaub und glückliche Erlebnisse aus.

Natürlich haben die Pflanzen auch Namen: Die mit den Dornen hat den Doppelnamen Probleme/Hindernisse, die mit den Blüten Chancen/Möglichkeiten.

Welche Pflanze sollte der Gärtner nach Ihrer Meinung verstärkt düngen? Logischerweise die schöne Pflanze mit der angenehmen Wirkung.

Stellen Sie sich bitte weiter vor, dass Sie selbst dieser Gärtner sind. Ihr Dünger, mit dem Sie diesen Pflanzen zum Leben verhelfen, sind Ihre Gedanken. Womit beschäftigen Sie sich den ganzen Tag? Mit den Problemen oder den Chancen?

Probleme oder Möglichkeiten

Interessanterweise beschreibt in China das gleiche Schriftzeichen die Begriffe Krise und Chance. Richtigerweise steckt in jeder Krise eine Chance zur positiven Veränderung. Ohne Krise beziehungsweise

Probleme existiert kaum eine Motivation zur Veränderung und damit letztendlich kein Sinn für das Leben überhaupt. Wenn Sie Ihre Lebenslinie am Anfang des Buches betrachten, werden Sie feststellen, dass sich an eine Lebenskrise oft eine noch größere Hochphase anschließt.

Die folgende Geschichte von einem alten Indianer zeigt zudem, dass die Bewertung von Ereignissen meist eine subjektive Angelegenheit ist: Dieser alte Indianer war sehr arm. Er und sein Sohn besaßen ein einziges Pferd. Als dieses Pferd eines Nachts weglief, kamen die Nachbarn und bedauerten den Indianer. »Nun hast du auch noch dein Pferd verloren, deinen einzigen Besitz.« Der Indianer zuckte mit den Schultern und antwortete: »Wer weiß?« Am nächsten Tag kam das Pferd aus der Prärie zurück. Ihm hatte sich ein junges Wildpferd angeschlossen. Die Nachbarn kamen und feierten den Indianer als Glückspilz, da er seinen Besitz auf einen Schlag verdoppelt hatte. Der Indianer zuckte wieder mit den Schultern und antwortete: »Wer weiß?«. Bei dem Versuch, das junge Wildpferd zuzureiten, stürzte der Sohn des Indianers schwer und brach sich das Bein. Natürlich kamen die Freunde und Bekannten wieder und bedauerten den alten Indianer und seinen Sohn. Der Indianer reagierte in der bekannten Weise. Am darauf folgenden Tag kam die Armee ins Dorf. Es herrschte Krieg und deshalb wurden alle kampffähigen jungen Männer für den Kriegsdienst rekrutiert; der Sohn des alten Indianers durfte wegen seiner Verletzung im Dorf bleiben.

Probleme beinhalten die Chance zu einer positiven Veränderung

Diese Geschichte könnte sicherlich endlos weitergeführt werden. Sie zeigt jedoch, dass hinter vermeintlich negativen Ereignissen eine positive Entwicklung stehen kann und sei es nur die Weiterentwicklung unserer Erfahrungen und Fähigkeiten.

Eine Untersuchung zeigt, dass nur etwa sieben Prozent aller Menschen die Kompetenz besitzen, gerade in schwierigen Phasen ihre Gedanken auf die Chancen und Möglichkeiten zu fokussieren. Der überwiegende Teil kommt über das Stadium des Schimpfens und des Jammerns nicht hinaus. Sie können dieses Phänomen zu jeder Zeit bestaunen. An den Stammtischen in den Gasthäusern, in der Schlange an der Kasse des Einkaufszentrums oder vielleicht auch in dem Unternehmen, in dem Sie arbeiten. Nörgeln und Schimpfen sind ansteckende Verhaltensweisen, genauso wie Lachen und Fröhlichkeit.

Stellen Sie sich folgenden Versuch vor: Sie stellen sich mit einem Blumenstrauß Montagmorgen um halb acht an den Bahnsteig eines Bahnhofs. Um diese Zeit werden sehr viele Berufspendler auf dem Weg zu Arbeit aus dem Zug aussteigen. Der Blumenstrauß ist für die Person gedacht, die mit ihrer Ausstrahlung (Gestik, Mimik) signalisiert, dass sie sich auf die Herausforderungen der Woche freut. Wie lange, denken Sie, werden Sie an dem Bahnsteig stehen, bis Sie diese Blumen überreichen können? Selbst wenn Sie diesen Test auf Freitag Nachmittag verlegen, werden Sie sich über den Mangel Menschen, die eine positive Energie ausstrahlen, wundern. Positive Einstellungen und Gedanken sind jedoch der erforderliche Dünger für die Erreichung der Ziele. Der Zusammenhang zwischen unserem Denken und der Art unserer Handlungen wird im folgenden Schema deutlich.

Optimismus, ein Privileg für Erfolgreiche

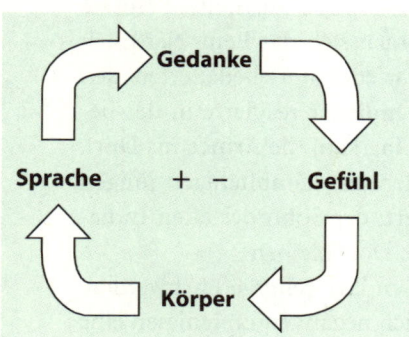

Ein negativ denkender Mensch besitzt automatisch eine negative Ausstrahlung. Gehen wir von einem eher negativen Gedanken aus: »Hoffentlich geht dieser Tag schnell rum.« – Dieser Gedanke beinhaltet eine Bewertung. Diese Bewertung findet nicht im kognitiven Bereich, sondern in Form eines Gefühls statt. In diesem Fall zeigt sich durch die Formulierung des Gedankens eine negative Bewertung. Diese mentale Ebene (Gedanke/Gefühl) wirkt sich auf unser Verhalten aus. Dieses Verhalten unterteilen wir in körperliches Verhalten wie Mimik und Gestik sowie sprachliche Formulierung. Die negative Bewertung führt automatisch zu einer negativen Körpersprache und einer negativ geprägten Sprache. Der Kreis schließt sich, indem wir zum großen Teil unbewusst unser Verhalten gedanklich wahrnehmen und bewerten.

Nun besitzt der Mensch die Fähigkeit, sich dieser Funktionsweisen bewusst zu werden und steuernd einzugreifen. Es existiert in diesem Kreislauf nur ein Bereich, zu dem wir keinen direkten Zugang haben: das Gefühl. Für die Steuerung des Gefühls beschreiten wir daher den Umweg über die gedankliche Einflussnahme. Auf die anderen drei Bereiche können wir steuernd zugreifen.

Formulieren wir den Gedanken bewusst um, kann dies einen positiven Impuls zur Folge haben, der den ehemals negativen Kreislauf in einen positiven umwandelt. Ein derartiger Gedanke könnte lauten: »Ich freue mich auf die Herausforderungen des Tages.«

Auf die Einflussmöglichkeiten im Bereich Verhalten (Körper/Sprache) gehen wir im zweiten Teil des Buches ein.

Positive Gedanken führen zu einer positiven Ausstrahlung

Sollten Sie bei sich selbst einen Hang zu negativen Gedanken feststellen, sprich »eher das halb leere Glas sehen als das halb volle«, können Sie sich eine hervorragende Anti-Ärger-Strategie verinnerlichen.

- Frage 1: Ist es die Sache wert?
  Setzen Sie dabei das Ärgernis in Relation mit wirklichen Problemen. Lautet die Antwort nein, dann setzen Sie einen gedanklichen STOPP.
- Frage 2: Bin ich im Recht?
  Ist meine Einstellung und Bewertung dieser Situation die einzig mögliche und richtige? Lautet die Antwort nein, dann setzen Sie einen gedanklichen STOPP.
- Frage 3: Kann ich angemessen auf die Situation reagieren?
  Existiert die Möglichkeit, dass ich an dieser Situation etwas verändern kann? Lautet die Antwort nein, dann setzen Sie einen gedanklichen STOPP.

Eine Statistik besagt, dass der/die Deutsche am Tag im Durchschnitt nur sechs Minuten lacht. Sechs Minuten von ungefähr 17 möglichen Stunden.

Wie entsteht diese Dominanz der negativen Gedankenwelt? Gerade uns Mitteleuropäern wird ein Hang zur »Fusselmentalität«

nachgesagt. Angenommen, Sie würden eine neue Arbeit bei einem neuen Arbeitgeber beginnen. Natürlich legen Sie Wert darauf, einen möglichst positiven ersten Eindruck zu hinterlassen. Sie haben Ihr bestes Kleid oder Ihren besten Anzug angezogen, die Haare sind frisiert, die Schuhe geputzt, das Rasierwasser beziehungsweise Parfum duftet angenehm; alles ist in Ordnung. Allerdings haben Sie einen Fussel auf Ihrer Schulter übersehen in Form eines zirka zehn Zentimeter langen, hellen Fadens, der sich deutlich auf dem dunklen Oberteil, das Sie tragen, absetzt. Wie werden Ihre neuen Kollegen und der neue Chef ihre Wahrnehmung fokussieren?

Prägung zur Fusselmentalität überwinden

Obwohl 95 Prozent Ihres Outfits absolut in Ordnung sind, steht zu befürchten, dass der Fussel in der Wahrnehmung der anderen die dominante Rolle spielt und zu einer negativen Gesamtbewertung führt.

Diese Tendenz zur dominanten Wahrnehmung von Fehlern ist leider auch schon sehr früh bei Kindern zu erkennen. Als Julia von der Schule nach Hause kam, fragte ich sie, welches Ergebnis sie bei der letzten Schularbeit erreicht hätte. Sie antwortete mir mit einem strahlenden Lächeln: »Ich habe keinen Fehler.« Obwohl ich mich über diese Antwort freute, machte sie mich auch nachdenklich. Ich habe keinen Fehler. Diese Antwort spiegelte eine Prägung zur Fusselmentalität wider, denn die passendere Antwort wäre gewesen: »Ich habe alles richtig.« Unsere Kommunikation ist das Spiegelbild unseres Denkens. In der Antwort Julias zeigte sich die Denkweise des »Fehler vermeiden wollen«. Das Ziel, keine oder wenige Fehler begehen zu wollen, ist ein denkbar schlechter Energiegeber, weil es sich auf unsere Aktivität hemmend auswirkt.

Umgang mit Energieräubern

Fahren mit angezogener oder gelöster Handbremse

»*Du willst in deinem Hause groß sein; aber es fehlt dir an Gelde, an dem Beistand deines Weibes; deine Laune wird von häuslichen Sorgen niedergedrückt; und so geht dann alles den Werktagsgang; du empfindest tief, wie so alles in dir zugrunde geht; (..). das alles fühle ich mit dir; allein verliere doch darum nicht den Mut, den Glauben an dich selbst und die Vorsehung! ... Es gibt eine Größe, und wer die erreichen kann, der steht hoch über alle. Diese Größe ist unabhängig von Menschen, Schicksalen und äußerer Schätzung. Sie beruht auf innerem Bewusstsein; und ihr Gefühl verstärkt sich, je weniger sie erkannt wird.*« (Adolph Freiherr von Knigge)

Ein Schatten mit Folgen

Im Nachhinein fällt es mir schwer, den Zeitpunkt zu finden, an dem sich unsere Beziehung veränderte. Wahrscheinlich deshalb, weil er gar nicht existiert und es sich vielmehr um einen schleichenden Prozess handelte. Jedenfalls stellte ich eine zunehmende Ungeduld bei mir fest. Diese Ungeduld wechselte sich mit einem Gefühl der Resignation ab. Auch Petra hatte immer häufiger etwas an mir auszusetzen.

Es fiel uns schwer, miteinander über diese Veränderung zu sprechen und wenn wir es taten, endeten diese Gespräche meist in gegenseitigen Schuldzuweisungen. Also redeten wir immer seltener über dieses Problem.

Die Auslöser für diese Auseinandersetzungen waren meist Kleinigkeiten, ein deutliches Zeichen dafür, dass es in Wirklichkeit nicht um die Kleinigkeiten, sondern um ein grundsätzliches Thema ging. Heute wissen wir, dass ein Grund für unsere Probleme in Petras beruflicher Unzufriedenheit lag. Das Studium, das sie in einem anderen Bundesland abgeschlossen hatte, wurde hier nicht anerkannt. Auf Grund vieler offener Stellen bekam sie zwar immer wieder Jahresverträge über eine halbe Stelle, jedoch löste die Unsicherheit über die weitere Zukunft einen enormen Druck aus.

Da Petra ihren Beruf liebt, blieb dieser ständig vorhandene Druck nicht ohne Auswirkungen auf unser Familienleben und unsere Leistungsfähigkeit im Beruf.

Energieverluste vermeiden

Auch wir sind ständigen Energieverlusten ausgesetzt. Stressoren und ungelöste Konflikte rauben uns einen beträchtlichen Teil unserer Energien. Schwelende Konflikte in der Partnerschaft oder ständig vorhandene Finanzprobleme sind zwei der häufigsten Energieräuber. Wie bei einem löchrigen Gartenschlauch stellt die Wassermenge, mit der wir unsere Blumen besprengen einen Bruchteil der Wassermenge dar, die aus dem Wasserhahn in den Gartenschlauch fließt. Lange Zeit versuchen wir diese Löcher zu ignorieren beziehungsweise notdürftig zu flicken.

Ein Eimer mit Löchern kann kein Wasser halten

Die Kompetenz, diese Stressoren nachhaltig zu bewältigen, ist eine der Voraussetzungen für unsere Wirkung. Der Begriff Stress besitzt gute Aussichten auf den Titel »meist verwandtes Wort«. Jeder von uns hat diesen Begriff schon mehrmals benutzt und in den Medien taucht er regelmäßig auf.

Wenn Sie Ihren Stress abbauen möchten, dann kann ich Ihnen folgende Bücher empfehlen:»Stress-Management« von Marc Stollreiter u.a. sowie »Stresskompetenz« von Klaus Linneweh. Beide im Beltz Verlag erschienen.

Obwohl Stress also allgegenwärtig ist, sind die Kenntnisse über Hintergründe, Mechanismen und Krankheitszusammenhänge bei den meisten Menschen eher gering. Tatsächlich ist Stress einerseits eine lebensrettende Funktion des menschlichen Organismus und andererseits die häufigste Todesursache in der westlichen Zivilisation. Es bedarf keiner eingehenden Fachkenntnisse, um diesen scheinbaren Widerspruch zu klären.

Erst der Stressmechanismus ermöglicht uns eine Reaktion auf bestimmte gefährliche oder bedrohliche Reize. Den Urzeitmenschen versetzte Stress in die Lage, situationsbezogen zu jagen, zu kämpfen, zu fliehen oder widrigen Umwelteinflüssen zu trotzen, denn Stress versetzt den Körper in eine erhöhte Alarm- und Leistungsbereitschaft. *Stress ist menschlich, urzeitmenschlich*

Der wahrgenommene Reiz wird in einer bestimmten Gehirnregion als gefährlich oder bedrohlich bewertet, die Aktivierung des Symphaticus-Nervs hat die Ausschüttung verschiedener Hormone zu Folge. Dabei führen Adrenalin und Noradrenalin zu einer Verstärkung folgender Körperfunktionen:

- Pulsfrequenz und Herzschlagvolumen nehmen zu.
- Glukose wird als kurzfristiger Energielieferant in den Blutkreislauf eingeleitet.
- Fett wird als langfristiger Energielieferant aus der Nebenniere in den Blutkreislauf eingeleitet.
- Blutgerinnungsstoffe werden vermehrt bereitgestellt.
- Die Versorgung der Hautmuskelgruppen wird verstärkt.

Andere unter Stress freigesetzte Hormone dagegen hemmen zur gleichen Zeit gewisse Körperfunktionen, um hier Energien einzusparen:

- Dem Immunsystem werden Energien entzogen.
- Die Schmerzsensibilität wird herabgesetzt.
- Die Verdauungsfunktion wird gehemmt.
- Die Fortpflanzungsfunktionen werden gedrosselt.

Die Stressreaktion des menschlichen Organismus ist somit vollkommen auf körperliche Bewältigung (Kampf oder Flucht) ausgerichtet. Dieser für den Urzeitmenschen lebensrettende Mechanismus ist durch die veränderten Lebensumstände für uns sinnlos und gesundheitsbedrohlich. Denn den größten Teil unserer Stressoren (Zeitdruck, Ärger mit dem Chef, Beziehungskonflikte) können wir nicht sinnvoll körperlich bewältigen.

Wir benötigen daher ein bewusst angewandtes, individuell maßge-
schneidertes Bewältigungskonzept für unsere Energieräuber.

Testen Sie Ihr persönliches Stresspotenzial

Bewerten Sie die folgenden Stressoren jeweils nach Häufigkeit und Bewertung:

Häufigkeit (wie oft bin ich mit dieser Situation konfrontiert):
0 = tritt nie auf
1 = tritt selten auf
2 = tritt häufig auf
3 = tritt ständig auf

Bewertung (wenn ich in der Situation bin):
0 = stört mich überhaupt nicht
1 = stört mich kaum
2 = stört mich ziemlich
3 = stört mich sehr

Die Belastung ergibt sich aus dem Produkt also Häufigkeit × Bewertung.

Stressoren	Häufigkeit	Bewertung	Belastung
Termindruck	0 1 2 3	0 1 2 3	☐
Dienstreisen	0 1 2 3	0 1 2 3	☐
Ungenaue Anweisungen	0 1 2 3	0 1 2 3	☐
Verantwortung	0 1 2 3	0 1 2 3	☐
Konkurrenzkampf	0 1 2 3	0 1 2 3	☐

Stressoren	Häufigkeit	Bewertung	Belas-tung
Konflikte mit Kollegen	0 1 2 3	0 1 2 3	☐
Konflikte mit Mitarbeitern	0 1 2 3	0 1 2 3	☐
Ärger mit dem Chef	0 1 2 3	0 1 2 3	☐
Ärger mit dem Kunden	0 1 2 3	0 1 2 3	☐
Ungerechtfertigte Kritik an mir	0 1 2 3	0 1 2 3	☐
Dauerndes Telefonklingeln	0 1 2 3	0 1 2 3	☐
Informationsüberflutung	0 1 2 3	0 1 2 3	☐
Neuer Verantwortungsbereich	0 1 2 3	0 1 2 3	☐
Umweltverschmutzung	0 1 2 3	0 1 2 3	☐
Lärm	0 1 2 3	0 1 2 3	☐
Anruf von Vorgesetzten	0 1 2 3	0 1 2 3	☐
Autofahrt in der Stoßzeit	0 1 2 3	0 1 2 3	☐
Schulschwierigkeiten der Kinder	0 1 2 3	0 1 2 3	☐
Streiterei	0 1 2 3	0 1 2 3	☐
Ärger mit Verwandtschaft	0 1 2 3	0 1 2 3	☐
Krankheitsfall in der Familie	0 1 2 3	0 1 2 3	☐
Hausarbeit	0 1 2 3	0 1 2 3	☐
Bewegungsmangel	0 1 2 3	0 1 2 3	☐
Finanzielle Probleme	0 1 2 3	0 1 2 3	☐
Nachbarstreit	0 1 2 3	0 1 2 3	☐
Kontaktschwierigkeiten	0 1 2 3	0 1 2 3	☐
Unerfreuliche Nachrichten	0 1 2 3	0 1 2 3	☐
Hohe laufenden Ausgaben	0 1 2 3	0 1 2 3	☐
Konflikte mit Kindern	0 1 2 3	0 1 2 3	☐
Zu wenig Schlaf	0 1 2 3	0 1 2 3	☐
Menschenansammlung	0 1 2 3	0 1 2 3	☐
Trennung vom Partner/Familie	0 1 2 3	0 1 2 3	☐
Konflikte in der Partnerschaft	0 1 2 3	0 1 2 3	☐
Einkaufen in der Stoßzeit	0 1 2 3	0 1 2 3	☐
Behördenbesuche	0 1 2 3	0 1 2 3	☐
Misserfolge	0 1 2 3	0 1 2 3	☐
Ärztliche Untersuchungen	0 1 2 3	0 1 2 3	☐
Sorgen	0 1 2 3	0 1 2 3	☐
Unzufriedenheit mit Aussehen	0 1 2 3	0 1 2 3	☐

Zählen Sie anschließende alle Punkte zusammen. Gesamtzahl ☐

Diese Stressoren sind nicht abschließend. Erreicht die Summe der Belastung über 100 Punkte, empfehle ich Ihnen, sich mit grundsätzlichen ausgleichenden Bewältigungsmethoden wie Entspannungsübungen oder Steigerung der Zufriedenheitserlebnisse zu beschäftigen.

Stressoren konkretisieren

Konkretisieren Sie die Stressoren, die ein Produkt von vier oder mehr Punkten erzielen in der ersten Spalte der nachfolgenden Tabelle. In die zweite Spalte notieren Sie Ihren bisherigen Umgang mit diesen Stressoren. Was tun Sie bewusst oder unbewusst, um diese Stressoren zu bewältigen beziehungsweise sich Erleichterung zu verschaffen. Dies kann Verdrängen, Zigarette rauchen, darüber reden, Sport oder Ähnliches sein. Im Anschluss können Sie aus den vorgestellten Bewältigungsarten neue Strategien für den jeweiligen Stressor auswählen.

Stressor 1

Bisheriger Umgang:

Neue Strategien:

Stressor 2

Bisheriger Umgang:

Neue Strategien:

> **Stressor 3**
>
> ---
>
> Bisheriger Umgang: --
>
> ---
>
> Neue Strategien: ---
>
> ---

Zur effektiven Bewältigung von Energieräubern stehen uns verschiedene langfristige Veränderungsmöglichkeiten zur Verfügung:

- Problemlösungsprozesse in Gang setzen.
- Die Kompetenz der Kommunikation verbessern.
- Erlernen von Fertigkeiten.
- Systematisch Entspannungstechniken einsetzen.
- Erfolgs- und Zufriedenheitserlebnisse erhöhen.
- Die Einstellungsänderung voranbringen.

Systematik des Problemlösungsprozesses

Der Problemlösungsprozess folgt einem System, dessen Einhaltung Voraussetzung für den Erfolg ist. Zur beispielhaften Durchführung bedienen wir uns eines Stressors, des ständigen Ärgers mit dem Chef:

Erster Schritt: Beschreibung der Problemsituation

Je genauer wir das Problem beschreiben, desto effektiver werden die erarbeiteten Lösungen greifen.

> Ich fühle mich von dem Chef ungerecht behandelt. In den letzten vier Wochen hat er meine Arbeit dreimal stark kritisiert, obwohl ich mich genau an seine Vorgaben gehalten habe. Er hält

sich meiner Ansicht nach nicht an die Absprache, dass ich mich unter Beachtung dieser Vorgaben bei der Lösungserarbeitung frei bewegen kann. Während er den anderen Mitarbeitern diesen Freiraum zugesteht, übt er an meiner Verfahrensweise Kritik.

Zweiter Schritt: Aufzählung von Lösungsmöglichkeiten

In diesem Schritt ist es ganz entscheidend noch keine Bewertung Lösungsmöglichkeiten vorzunehmen, sondern alle Gedanken in einer Art Brainstorming aufzuschreiben.

- [ ] Ich bringe ihn um.
- [ ] Ich gehe zu seinem Vorgesetzten und spreche mit ihm über das Verhalten.
- [ ] Ich spreche ihn selbst darauf an.
- [ ] Ich rede mit den anderen Kollegen über das Problem und hole mir bei diesen einen Rat.
- [ ] Ich kündige und suche mir ein anderes Unternehmen.
- [ ] Ich lasse mich in eine andere Abteilung versetzen.
- [ ] Ich frage ihn, ob er etwas gegen mich hat.
- [ ] Ich mache gar nichts.
- [ ] Ich ziehe meine Arbeit gegen seine Korrekturen durch.
- [ ] Ich kopiere seinen Arbeitsstil, um Kritik zu vermeiden.
- [ ] Ich reduziere mein Engagement und arbeite nur noch das Notwendigste.
- [ ] Ich sorge dafür, dass er seine Position verliert beziehungsweise versetzt wird.
- [ ] In unseren Vereinbarungsgesprächen mache ich mir schriftliche Notizen und lasse sie mir von ihm abzeichnen.
- [ ] Ich schaue mir die von ihm angesprochene Kritik noch einmal an und überprüfe, ob er richtig gelegen haben könnte.
- [ ] Ich wechsle den Beruf.

Dritter Schritt: Bewertung der Lösungsmöglichkeiten

Erst jetzt erfolgt die Bewertung der aufgezählten Möglichkeiten. Dabei streichen Sie die untauglich erscheinenden Alternativen und benoten die restlichen mit Punkten.

☐ Ich bringe ihn um.
☐ Ich mache gar nichts.
☐ Ich wechsle den Beruf.

werden als untauglich gestrichen. Die andern wie folgt bewertet:

× × × × × = sehr gut geeignet
× × × ×   = gut geeignet
× × ×   = mögliche Alternative
× ×   = weniger gut geeignet
×   = nur, wenn nichts anderes greift

Vierter Schritt: Festlegung einer Strategie

Diese Strategie ergibt sich aus der Bewertung der Lösungsmöglichkeiten. Die am besten bewertete Lösung steht an erster Stelle. Eventuell ist eine Ergänzung mit anderen positiv bewerteten Punkten sinnvoll. Diese Strategie beinhaltet eine Reihenfolge von Maßnahmen, sollte die vorangegangene nicht erfolgreich gewesen sein.

☐ Ich schaue mir die von ihm angesprochene Kritik noch einmal an und überprüfe, ob er richtig gelegen haben könnte.
☐ Ich spreche ihn selbst darauf an.
☐ In unseren Vereinbarungsgesprächen mache ich mir schriftliche Notizen und lasse sie mir von ihm abzeichnen.
☐ Ich kündige und suche mir ein anderes Unternehmen.

Fünfter Schritt: Erstellen eines Handlungsplans mit festen Terminen

Die Festlegung bestimmter Termine und Zeiträume sind für die Eigenbindung in der Umsetzung erforderlich.

Morgen Nachmittag werde ich die von ihm angebrachte Kritik überprüfen. Im Anschluss an die Teamsitzung nächsten Dienstag spreche ich mit meinem Chef. Die Inhalte werde ich vorher planen und ihn darüber informieren, dass ich mir gerne Notizen machen würde, um Missverständnisse zu vermeiden. Genau drei Monate lang werde ich die Situation beobachten, um dann eine Entscheidung hinsichtlich einer Kündigung zu treffen.

Sechster Schritt: Kontrolle und Überprüfung der Veränderungen
Sollte der Handlungsplan nicht zur gewünschten Veränderung führen, kann dies verschiedene Ursachen und Konsequenzen haben. Eventuell habe ich die Problemstellung nicht richtig erkannt. Unter Umständen liegt das Problem in der fehlenden Motivation oder Kompetenz, oder ich muss auf andere Lösungsmöglichkeiten zurückgreifen, die von mir nicht in die Strategie aufgenommen wurden.

Kommunikationskompetenz

Wie an dem vorher Beschriebenen deutlich wird, liegt die Lösung, zumindest von zwischenmenschlichen Problemen, häufig in der Kommunikation. Dafür ist die Bereitschaft für eine offene Kommunikation erforderlich. Dass diese Offenheit einen hohen Anspruch an uns darstellt, sehen wir an der Definition: Offenheit heißt, einer Person all das direkt zu sagen, was ich mit andern über sie rede. Auf die Kommunikationskompetenz wird noch speziell eingegangen.

Fertigkeiten führen zu Ergebnissen und machen Spaß

In dem Erlernen von Fertigkeiten kann in manchen Fällen der Schlüssel zur Beseitigung des Energieräubers liegen. Nehmen wir an, dass Ihre Englischkenntnisse nicht die besten sind. Da Ihr Unternehmen mit Englisch sprechenden Geschäftspartnern kooperiert, werden Sie immer wieder mit diesem Mangel konfrontiert. Während die einen nun versuchen, dieser Situation aus dem Weg zu gehen, fassen andere den Entschluss, sich diese fehlende Kenntnisse in speziellen Kursen anzueignen.

Entspannungstechniken

Wer in dem vorangegangenen Test auf über 120 Gesamtpunkte gekommen ist, sollte sich unbedingt eine Entspannungstechnik antrainieren. Diese Entspannungstechniken eignen sich insbesondere zum effektiven Ausgleich einer anspruchsvollen Tätigkeit. Mit diesen Techniken regeneriert der Organismus bis zu sechsmal schneller als im Schlaf, da im Schlaf auftretende Erregungsschwankungen hier herausgefiltert werden. Die langfristige Anwendung führt zusätzlich zu einer Verschiebung der Belastungsgrenze nach oben und damit zu einer Steigerung der Leistungsfähigkeit. Die Entspannungsübungen | *Entspannungstechniken, die effektivste Form der Regeneration*

können Sie in entsprechenden Volkshochschulkursen anmelden oder mit Hilfe von Büchern und Begleitkassetten selbst lernen. Wählen Sie dabei die Methode aus, die Ihnen am besten liegt. Zur Auswahl stehen:

- Progressive Muskelentspannung.
- Autogenes Training.
- Yoga.
- Tai Chi.
- Qi Gong.
- Atmungstechniken.
- Brain light.
und viele mehr.

Erfolgs- und Zufriedenheitserlebnisse sind Energieoasen. Während belastende Momente und Situationen von ganz allein auf uns zukommen, sollten wir diese Oasen immer wieder bewusst aufsuchen. Im Kapitel »Unabhängigkeit von fremden Energien« sind eine Anzahl solcher Oasen aufgeführt (s. S. 28 ff.).

Einstellungsänderung

Die Königskompetenz in der Bekämpfung von Energieräubern ist die Einstellungsänderung, weil sie für alle Situationen eine Lösung anbietet. Darüber hinaus jedoch auch, weil sie die höchste Anforderung an uns stellt, nämlich das Infragestellen vorhandener Bewertungsgrundsätze. Diese Bewertungsgrundsätze sind Richtlinien für unser Verhalten. Sie sind entstanden durch Erziehung, Erfahrungen oder Überlieferungen anderer. Sie entscheiden auch darüber, ob wir uns über eine erhaltene Information ärgern, aufregen, ängstigen oder freuen. Wenn Sie sich an den alten India-

Einstellungen zu ändern ist eine überragende Fähigkeit

ner in einem der vorangegangenen Kapitel erinnern, werden Sie bemerkt haben, dass dieser eine andere Einstellung besaß als seine Nachbarn. Sollten Sie auf belastende Situationen treffen, denen Sie nicht aus dem Weg gehen und die Sie auch nicht verändern können, ist die Überprüfung der Einstellung vielleicht der einzige Lösungsansatz.

Denken Sie sich beispielsweise in folgende Situation: Ihr Sohn ist seit kurzem auf dem Gymnasium. Er bringt nicht die erforderlichen Leistungen. Sie haben ohne Erfolg versucht, mit Nachhilfeunterricht und anderen Maßnahmen dieses Manko zu beseitigen. Das Problem belastet die Familienatmosphäre, Ihren Sohn und Sie selbst erheblich. Spätestens jetzt wäre es ratsam, sich Gedanken darüber zu machen, ob eine Einstellungsänderung diese Situation für Ihre Familie entspannen könnte. Vielleicht ist es für Ihren Sohn besser, eine andere Schulbildung zu durchlaufen oder die gleiche Klasse noch einmal zu wiederholen.

Perfektionismus, es allen Recht machen zu wollen, nichts aus den Händen geben können, sind typische Prägungen, die einen extremen Belastungsdruck zur Folge haben. Eine Relativierung oder Veränderung dieser Einstellungen kann Sie zu mehr Spaß und mehr Zufriedenheit führen.

Tipp: Gehen Sie bewusst mit Ihren Energieräubern um. Probleme und Stressoren zu verdrängen oder zu verschieben, führt nur zu weiteren Belastungen.

In Bestform an den Start

Kleiner Unterschied mit großem Ergebnis

»Gegenwart des Geistes ist ein seltnes Geschenk und macht, dass wir im Umgang in sehr vorteilhaften Lichte erscheinen.« (...) »Ich rate daher, wenn eine unerwartete Frage, ein ungewöhnlicher Gegenstand oder irgend etwas anders uns überrascht, nur eine Minute still zu schweigen und der Überlegung Zeit zu lassen, uns zu der Partei vorzubereiten, die wir nehmen sollen.« (Adolph Freiherr von Knigge)

Das entscheidende Spiel

Unsere Vorbereitung auf das entscheidende Spiel um den Aufstieg war abgeschlossen. Wir hatten die ganze Saison darauf hingearbeitet, in diesem Play-off-Spiel zu stehen. Die Taktik waren wir am Vorabend noch einmal durchgegangen. Die körperliche Fitness der Spielerinnen und ihr technisches Können waren auf einem sehr guten Niveau. Dennoch hatten wir das erste der beiden Spiele knapp verloren. Als Trainer hatte ich seither zwei Wochen Zeit, die Gründe für diese Niederlage zu analysieren und für das Rückspiel zu beseitigen.

Es war offensichtlich, dass keine der Spielerinnen im Hinspiel ihr normales Leistungsniveau erreicht hatte. Wie bei den meisten Sportarten hängt auch beim Basketball der Erfolg nicht nur von den konditionellen, technischen und taktischen Fähigkeiten ab. Der mentale Zustand entscheidet darüber, ob diese Fähigkeiten überhaupt zum Tragen kommen. Ich hatte mir daher vorgenommen, hier den Schwerpunkt für das Rückspiel zu legen.

Aus diesem Grund beobachtete ich die Spielerinnen unseres Teams, die im Vergleich zu ihren Gegnerinnen noch sehr jung waren, vor dem Spiel genau. Während einige von ihnen, vielleicht weil sie im ersten Spiel nicht so viel Einsatzzeit bekommen hatten, einen etwas lustlosen Eindruck machten, erschienen mir andere nervös und übermotiviert. Ich war mir bewusst, dass wir nur dann eine Chance hatten, wenn es mir gelang, alle Spielerinnen auf das optimale Erregungsniveau zu bringen.

Die Steuerung des Erregungsniveaus

Zwischen dem Erregungs- und Stressniveau und der Leistungsfähigkeit besteht ein direkter Zusammenhang, der sich in folgendem Diagramm darstellt.

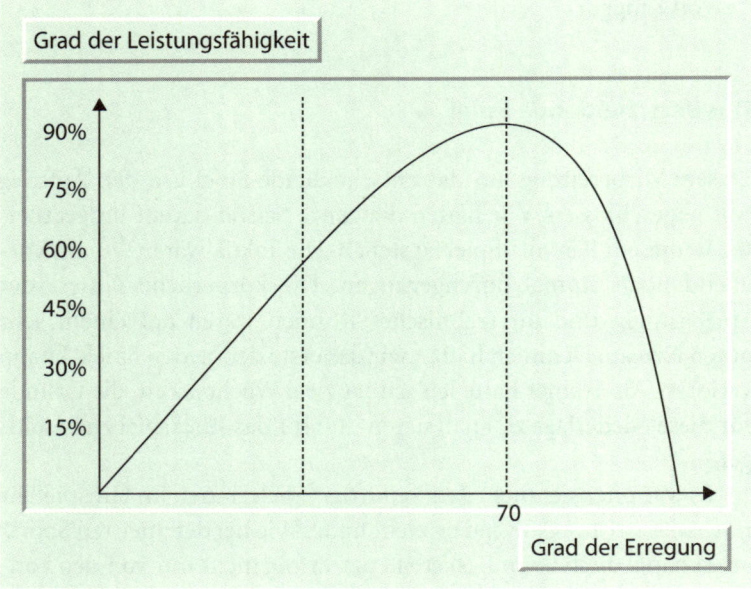

Die Kurve beschreibt die Beziehungen zwischen den Komponenten Erregung und Leistungsfähigkeit: Ohne Erregung existiert keine Leistung. Mit ansteigender Erregung (Anspannung) steigt die Leistungsfähigkeit. Ab einer gewissen Erregung wird ein Kulminationspunkt erreicht, ab dem die Leistungsfähigkeit bei weiterhin steigender Erregung abfällt. Der Abfall der Leistungsfähigkeit ist steiler als der Anstieg im ersten Bereich. Eine gesteigerte Nervosität führt dann schnell zu außergewöhnlichen Aussetzern. Der Grund für diese Aussetzer liegt in einer typischen Stressreaktion des Organismus. Ab einer gewissen Stressdosis wird die Verbindung zum Großhirn gekappt beziehungsweise gestört. Wir können dann auf das im Großhirn gespeicherte erlernte Wissen nicht mehr zugreifen. Die Steuerung unserer Reaktionen wird dann durch das Kleinhirn übernommen, in dem die instinktiven und automatisierten Handlungen abgespeichert sind. Da unser Organismus immer noch davon ausgeht, dass es sich bei dem Stress um eine Gefahrensituation für Leib oder Leben handelt, wird der Schnelligkeit der Reaktion (Flucht oder Angriff) die größere Priorität eingeräumt. Lang andauernde Berechnungen und Überlegungen sollen durch das Abkoppeln des Großhirns vermieden werden.

Der Kulminationspunkt der Leistungsfähigkeit ist zudem abhängig von der Aufgabenstellung. Bei einem 100-m-Lauf liegt die Anforderung des Läufers weitgehend im körperlichen Bereich. Die Anforderung an die kognitive Leistungsfähigkeit ist dagegen sehr gering. Sie begrenzt sich darauf, den Startschuss optimal zu treffen, die Bahn nicht nach rechts oder links zu verlassen und nach Zieldurchlauf abzubremsen. Je höher die Anforderungen der Aufgabenstellung im kognitiven Bereich liegen, zum Beispiel bei der Präsentation eines Marketingkonzeptes oder einer Prüfung, desto mehr verschiebt sich dieser Kulminationspunkt in der Grafik nach links. Während er bei einem Sprinter bei etwa 85 Prozent der Erregung liegt, pendelt er sich bei der Marketingpräsentation bei etwa 70 Prozent ein.

Ein optimales Erregungsniveau ermöglicht die optimale Leistung

Das Bereithalten einer Pufferzone spielt bei der Präsentation eine wesentliche Rolle, da unerwartete Situationen (nicht erwartete Fragen, Probleme mit der Technik u.a.) einen zusätzlichen Stressor darstellen können und somit das Erregungsniveau zusätzlich erhöhen.

Ergo wird es vor dem Sprint meist darum gehen, das Erregungsniveau zu puschen, während vor einer Präsentation das Ziel in einer Begrenzung der Erregung besteht.

Grundsätzlich gilt, dass die Richtung der Erregungssteuerung abhängt

- von meiner grundsätzlichen Verfassung,
- von der Aufgabenstellung,
- von der Bekanntheit der Situation sowie
- von dem Risiko plötzlich auftretender Unwegsamkeiten.

Tipp: Bewerten Sie vor wichtigen Aufgabenstellungen Ihr Erregungsniveau genau (Pulsmesser, Feedbackgeräte, Blutdruck, Stresssymptome) und bringen Sie sich bewusst auf den besten Level.

Sollte Ihr Erregungsniveau für die geforderte Leistung zu niedrig sein, wenden Sie folgende Steuerungsmaßnahmen an:

- Bringen Sie Ihren Kreislauf durch aktive körperliche Betätigung auf Touren.
- Feuern Sie sich gedanklich an.
- Hören Sie fetzige Musik.
- Verändern Sie Ihre Körperhaltung: Körper strecken, Kopf hoch, Kinn nach oben, Schulterblätter nach hinten und Muskulatur anspannen.

Die Veränderung der Körpersprache hilft Ihnen auch, nötigenfalls von »bad thinking« auf »good thinking« umzuschalten. Dazu ein kleiner Test.

Gedankentest

Für diesen Test nehmen Sie die soeben beschriebene Körperhaltung ein. Wenn Sie diese eingenommen haben, schließen Sie die Augen und versuchen Sie, sich ohne Veränderung der Körperhaltung an negative Gedanken zu erinnern.
Führen Sie diesen Test jetzt durch.

Es dürfte Ihnen nicht leicht gefallen sein, sich wirklich in eine negative Gedankenwelt einzulassen. Wenn doch, wird ihr Körper automatisch seine Haltung leicht verändert haben. Die Schultern sind leicht nach vorn gewandert, der Kopf hat sich gesenkt und Ihre Anspannung hat nachgelassen. Die Verknüpfung von Körper und Gedanken können wir uns zu Nutze ma- *Über den Körper Einfluss nehmen auf den Geist* chen. Nehmen wir an, Sie stehen vor einer wichtigen Aufgabe, Ihre Gedanken werden jedoch durch Sorgen bestimmt. Nehmen Sie kurz bevor Sie sich der Aufgabe stellen, die beschriebene Körperhaltung ein. Durch diese Haltung werden Sie gedanklich auf eine positive Gedankenschiene geleitet.

Natürlich kann dieser Kniff Ihnen nicht langfristig bei der Bewältigung Ihrer Probleme helfen, jedoch ist die kurzfristige Wirkung tatsächlich erstaunlich.

Für den Fall, dass Ihr Erregungslevel zu hoch ist oder zu werden droht und Sie sich ein bisschen nervös fühlen, helfen folgende Techniken:

- Positive Selbstinstruktion.
- Relativierung der Aufgabe.
- Kurzfristige Entspannungstechniken.
- Äußere und innere Ablenkung.
- Abbau der Erregung durch Abreaktionen.

Bei der positiven Selbstinstruktion bringen Sie sich durch positiv formulierte Gedanken in eine optimistische Grundhaltung. Dabei stellen Sie sich vor, wie Sie die anstehende Aufgabe hervorragend lösen.

Mit der Relativierung der Aufgabe bringen Sie diese in Relation zu wichtigeren Dingen. Wenn ich an ein kleines, querschnittgelähmtes Mädchen in meiner früheren Nachbarschaft denke, das ich nur fröhlich erlebt habe, relativieren sich bei mir nicht nur die wieder einmal höher ausgefallenen Rechnungen.

Viele Entspannungstechniken eigenen sich ebenfalls für die kurzfristige Absenkung des Erregungsniveaus. Je besser Sie die Technik beherrschen, desto schneller tritt die gewünschte Reaktion ein.

Ablenkungsformen wenden wir meist automatisch an, indem wir an etwas anderes denken (Urlaub, Familie, Hobby) oder etwas anderes tun (Rauchen, Herumlaufen, mit etwas spielen). Auch diese Ablenkungsformen lassen sich perfektionieren (aber bitte nicht das Rauchen).

Bei Abreaktionen ist darauf zu achten, dass sie sozialverträglich sind. Der in Stresssituationen spürbare Drang, etwas gegen die Wand zu werfen oder jemand an den Hals zu gehen wird durch die Bereitstellung großer körperlicher Energien unterstützt. Die Abreaktion dieser Energien durch Holzhacken oder das Einschlagen auf den Punchingball ist durchaus eine geeignete Verarbeitung dieser Energien.

 Tipp: Halten Sie immer ein kleines Maßnahmenpaket für die Steuerung Ihres Erregungsniveaus parat.

Energie in Handeln umsetzen

Eine Aneinanderreihung von Chancen und Möglichkeiten

»Wer aber die Kräfte seines Verstandes und Gedächtnisses immer schlummern lässt oder vor jedem kleinen Kampfe, vor jeder Art von minder angenehmer Anstrengung zurückbebt, der hat nicht nur wenig wahren Genuss, sondern ist auch ohne Rettung verloren, da, wo es auf Kraft, Mut und Entschlossenheit ankommt.« (Adolph Freiherr von Knigge)

Das kleine rothaarige Mädchen (frei nach Peanuts)

Mitte der 70er-Jahre war es auch für mich als Sechzehnjähriger das Größte, lange Haare, Hemden mit großen Kragen und Schlaghosen zu tragen. So gestylt fuhr ich, wie es Samstag Abend üblich war, in eine Diskothek etwas außerhalb der Stadt. Earth Wind & Fire, die Commodores, Kool & The Gang waren die Trendsetter in der Disko-szene. Ich stand locker auf einen Ellbogen aufgestützt an der Bar und beobachtete die Tanzfläche. Mir fiel ein attraktives, rothaariges Mädchen auf, das allein zur Musik tanzte. Da sie mir sehr gut gefiel, setzte ich mein lässigstes Lächeln auf, wippte locker zur Musik und versuchte Blickkontakt zu ihr aufzunehmen. Immer wenn ich das Gefühl hatte, dass sie in meine Richtung sehen könnte, verstärkte ich mein Lächeln. Ich bin überzeugt, dass viele männliche (aber auch weibliche) Leser diese Situation nachempfinden können.

Leider konnte ich nicht eindeutig feststellen, ob sie Notiz von mir genommen hatte. Jetzt war Handeln gefragt, denn zu oft hatte ich diese Situation erlebt und dann erfahren müssen, dass ein ande-rer schneller war. Ich fühlte mich gut und überlegte mir einen mög-lichst guten Spruch so in der Art wie:»Na, du auch hier?« oder »Hallo, hättest du gerne einen Apfelkorn?« (damals das In-Getränk)

Allerdings baute sich in mir auch eine Blockade auf, die durch die Aussagen meiner Freunde über rothaarige Mädchen verursacht wurde. Demnach waren Rothaarige sehr schwierig, hochnäsig und unberechenbar. Letztendlich siegte mein guter Zustand über die Zweifel und ich ging an den Tisch, an dem sie inzwischen mit ihrer Freundin saß und eine Cola trank. »Hi, wollen wir zusammen tanzen«, sprach ich sie mutig an. Wegen der Lautstärke untermalte ich meine Worte mit der entsprechenden Gestik. Die Lautstärke war auch daran schuld, dass ich ihre Antwort nur bruchstückhaft verstand: »... willst du denn ... wer hat reingelassen ... Kinderausweis gefälscht ...«, waren die Ausdrücke, an die ich mich heute noch erinnern kann. Ich wechselte dann bald die Diskothek, war aber an diesem Abend nicht mehr bereit, weitere Risiken einzugehen. Hätte ich doch nur auf meine Freunde gehört, dann hätte ich mir diese niederschmetternde Szene ersparen können.

Diese Erfahrung, verknüpft mit den Vorinformationen hätte leicht dazu führen können, dass ich um rothaarige Frauen für alle Zeit einen großen Bogen machen würde. Ich bin froh, dass es nicht so gekommen ist, denn meine jetzige Partnerin, mit der ich sehr glücklich bin, ist tatsächlich rothaarig.

Wirkung benötigt Aktivität

Jeder von uns hat im Laufe der Zeit besondere Einfälle und Ideen. Nur ein Bruchteil dieser Ideen wird in die Realität umgesetzt. Diese Hürde zwischen Idee und Umsetzung scheinen nur wenige zu überspringen. Vor allem der erste Schritt des Handelns scheint eine große Überwindung von uns zu verlangen. Während wir noch von der Umsetzung der Idee träumen, werden wir dann von den Alltagsbelastungen eingeholt und die Idee landet in der Ablage, auf der steht: »Wenn ich einmal Zeit habe.«

 Wie weit dies führen kann, zeigt mir ein Beispiel aus meinem Bekanntenkreis. Das Ehepaar hat sich schon seit Jahren auseinander gelebt. Sie haben sich emotional voneinander distanziert und leben nebeneinander her. Wenn sie miteinander reden, endet dies meist im Streit. Obwohl sich die Frau schon seit langem nach einer neuen Partnerschaft sehnt, findet sie immer wieder Gründe, die Trennung hinauszuschieben. Zuerst war es das Haus, das noch abgezahlt werden musste, dann die Kinder, die noch nicht alt genug waren und jetzt die unsichere berufliche Entwicklung.

»Jetzt oder nie«, heißt es auf einer Postkarte, die ich in einem Schreibwarenladen gefunden habe. Und weiter:»Wann kommt die Zeit zwischen: Dafür ist es noch zu früh – und – jetzt ist es dafür zu spät.«

So schön wie es ist, ab und zu träumen, so gefährlich ist es, ständig in einer Traumwelt zu leben und sich fortlaufend ein anderes Leben vorzustellen. Nehmen wir an, Sie würden lieber auf einer einsamen Insel in der Karibik leben. Sie sitzen also in Ihrem Büro und träumen von dem Sandstrand, dem Meeresrauschen und der wärmenden Sonne. Mit dieser Vorstellung laden Sie sich zwei Probleme auf. Zum einen: Sie sind nicht wirklich auf dieser einsamen Insel. Zum anderen: Sie sind auch nicht wirklich bei Ihrer Arbeit.

AHIGs sind Menschen, die sagen:
Ach hätte ich's getan

Lebe deinen Traum anstatt dein Leben zu verträumen. Sicher leichter gesagt als getan. Es geht auch nicht darum, sich alle Träume erfüllen zu müssen. Jedoch haben wir mehr als je zuvor die Möglichkeit viele unsere Träume aktiv anzugehen. Bei diesen Träumen geht es nicht zwangsläufig um die einsame Insel in der Karibik. Träume können aus vielen Inhalten bestehen:

- Größere finanzielle Unabhängigkeit.
- Mehr Freizeit.
- Mehr Erfolg im Beruf.
- Einen (anderen) Lebenspartner.
- Ein eigenes Haus.
- Eine selbstständige Tätigkeit.
- Mehr Zeit für Hobbys.
- Mehr Zeit für die Familie.
- Und so weiter.

Um ins Handeln zu kommen, benötigen wir zwei elementare Dinge:

- Eine Entscheidung und
- einen Handlungsleitfaden.

Entscheidung

Wie der Begriff schon ausdrückt, besteht das Wesen einer Entscheidung darin, sich von gewissen Dingen zu trennen (scheiden). Der weit verbreitete Versuch, möglichst alles haben zu wollen, führt häufig dazu, dass wir am Ende nichts wirklich erhalten. Deshalb benötigen wir eine Festlegung auf Prioritäten. Was ist uns wirklich wichtig? Wo liegen unsere Lebensziele? Unser Alltag ist vollgestopft mit Aufgaben, die zwar dringend, jedoch nicht wichtig sind.

In einem Beispiel möchte ich Ihnen dies verdeutlichen. Angenommen, für Sie ist die Familie besonders wichtig, insbesondere möglichst viel Zeit mit den Kindern zu verbringen. Es ist endlich Wochenende und damit die Gelegenheit gekommen, mit Ihren Kindern zu spielen. Da fällt Ihnen ein, dass Sie noch nichts eingekauft haben, und der Kühlschrank beinahe leer ist. Der letzte Supermarkt schließt in einer halben Stunde.

Für was entscheiden Sie sich. Spielen Sie mit Ihren Kindern oder gehen Sie einkaufen? Die meisten würden das Einkaufen wählen. Es stellt sich die Frage, ob das Einkaufen eine wirklich wichtige oder nur eine dringende (zeitlicher Aspekt) Aufgabe ist. Bestimmt gäbe es am Wochenende genug Möglichkeiten, die Familie vor dem Verhungern zu retten. Auch in Ihrer Nähe befinden sich Gasthäuser, eine Tankstelle oder ein Bringservice und aus den Resten, die der Kühlschrank meist anbietet, lassen sich mit etwas Fantasie leckere Gerichte zaubern. Das Problem ist nicht das einmalige Einkaufen. Am nächsten Tag müssen wir uns schon wieder zwischen wichtigen (mit Kindern spielen) und dringenden Angelegenheiten (Autowaschen, Aufräumen) »entscheiden«.

Entscheiden heißt, sich von Alternativen zu trennen

Tipp: Entscheiden Sie sich häufiger für die wichtigen und weniger für die dringenden Dinge.

Handlungsleitfaden

Neben der Entscheidung benötigen wir einen Leitfaden für unser Handeln. Diesen Leitfaden erarbeiten wir mit dem so genannten Szenario. Dieses Szenario besteht aus vier Arbeitsschritten.

● Der erste Schritt besteht in einer Soll-Beschreibung. Welche Träume möchte ich in meinem Leben verwirklichen? Welche Ziele möchte ich in den nächsten Jahren, Monaten oder Wochen erreichen?

● Der nächste Abschnitt besteht in der Beschreibung der Ist-Situation. Wie sieht die tatsächliche Gegenwart aus? Wie weit ist die Ist-Situation von der Soll-Beschreibung entfernt?

● Im dritten Schritt lege ich fest, welche Veränderungen stattfinden müssten, um die Soll-Beschreibung tatsächlich zu erreichen. Was müsste ich verändern, damit ich meinen Zielen, Träumen näher komme?

● Im vierten Bereich dreht sich alles um die ersten konkreten Handlungen, mit denen ich diese Entwicklung einleite. Legen Sie hier genau die ersten Schritte fest und versehen Sie diese mit einem verbindlichen Termin.

Mit dem Szenario zum Handlungsplan

Für die Entwicklung des Szenarios brauchen Sie Ruhe und Zeit. Vielleicht ist jetzt genau der richtige Zeitpunkt dafür.

Wählen Sie ein Thema (Problem) aus, das sich seit einiger Zeit in einer Sackgasse befindet. Gehen Sie jeden der vier Schritte in der vorgegebenen Reihenfolge isoliert an. Im dritten Schritt ist ein breites Lösungsspektrum, also Kreativität gefragt. Eine Vertrauensperson kann dieses Spektrum möglicherweise erweitern. Im vierten Bereich achten Sie auf die Konkretisierung und Verbindlichkeit der Aktionen.

1. Soll-Beschreibung	2. Ist-Situation
3. Erforderliche Veränderungen	4. Die ersten Schritte

Tipp: Gehen Sie nun an die Umsetzung der ersten Schritte. Denken Sie dabei daran: Lieber fehlerhaft begonnen als perfekt gezögert, denn das Leben besteht aus einer Aneinanderreihung verpasster Chancen und Möglichkeiten.

Die soziale Kompetenz entscheidet über die Effektivität der Wirkung

Die Bedeutung des Wie

»Meine Bemerkung trifft Personen, die wahrlich allen guten Willen und treue Rechtschaffenheit mit eifrigen Bestreben verbinden, und die dennoch übersehn werden, zu gar nichts gelangen. Was ist es, was diesen fehlt und andre haben? Die Kunst des Umgangs mit Menschen.« (Adolph Freiherr von Knigge)

Die Formel für die menschliche Wirkung

Für die Wirkung, die wir erzielen, ist neben dem Energielevel, den wir besitzen, die Effizienz des Energieeinsatzes verantwortlich. In der Physik wird diese Effizienz als Wirkungsgrad bezeichnet. Er beschreibt das Verhältnis der abgegebenen zu der zugeführten Energie. Da Energie bei einem maschinellen Prozess zum Beispiel in Form von Wärme verloren geht, ist der Wirkungsgrad immer kleiner als 100 Prozent. Das heißt, dass bei der Umwandlung von Energie in eine Leistung immer ein gewisser Anteil an Energie verloren geht.

Bei der Umsetzung unserer persönlichen Energie in Wirkung kennen wir die gleiche Gesetzmäßigkeit. Ein hoher Energieeinsatz allein ist noch kein Garant für den Erfolg. Da es sich in diesem Fall um die Wirkung auf andere Menschen handelt, ist sie abhängig von der sozialen Kompetenz. Die soziale Kompetenz entscheidet über die Effektivität unseres Energieeinsatzes. Die Formel für die erfolgreiche Wirkung auf andere lautet daher:

Hoher Energielevel	$\times$	Soziale Kompetenz	$=$	Erfolgreiche Wirkung

Entscheidend ist dabei, dass es sich bei dieser Gleichung nicht um eine Addition, sondern um eine Multiplikation handelt. Der Unterschied wird dann deutlich, wenn eines der Summanden (Addition) beziehungsweise Faktoren (Multiplikation) nicht vorhanden, also gleich null ist. In der Addition ergibt sich danach:

$$1 + 0 = 1$$

In der Multiplikation lautet das Ergebnis jedoch:

$$1 \times 0 = 0$$

Als Konsequenz für die menschliche Wirkung ergibt sich damit, dass beim Wegfall eines Faktors, Energie oder soziale Kompetenz, das erzielte Ergebnis gleich null bedeutet.

Stellen Sie sich vor, Sie haben die Absicht, die Entscheidungsträger eines Unternehmens in einer Präsentation von Ihrem Produkt zu begeistern. Sie sind in bester Verfassung, hoch motiviert und selbst vom Produkt überzeugt; jedoch besitzen Sie keinerlei Kompetenz auf die Anwesenden einzugehen oder ihnen den Nutzen überzeugend darzustellen. Das gleiche negative Ergebnis würden Sie jedoch auch erzielen, wenn Sie zwar eine starke Präsentations- und Argumentationskompetenz besäßen, Ihr Energieniveau jedoch nahe der Nulllinie herumdümpeln würde. Sie wären gar nicht in der Lage, Ihre Fähigkeiten abzurufen.

Für den erfolgreichen Umgang mit Kunden, Mitarbeitern, Partnern und Vorgesetzten benötigen wir beides, ein hohes Energieniveau und soziale Kompetenz.

Die sieben sozialen Kompetenzen, um den Wirkungsgrad zu erhöhen

Die Objektivität der Wahrnehmung

Womit alles beginnt

»Es gibt wenig Dinge in der Welt, die nicht zwei Seiten haben. Vorurteile verdunkeln oft die Augen, selbst des klügern Mannes und es ist schwer, sich gänzlich an eines anderen Stelle zu denken ...«
(Adolph Freiherr von Knigge)

Auch Autoverkäufer sind Menschen

»Tut mir Leid« antwortete der Verkäufer, »bei uns ist heute sehr viel los. Ich habe gerade einen wichtigen Kunden. Wir haben dahinten eine Sitzecke eingerichtet, in der Sie auch ein paar Broschüren finden. Kommt Ihr Mann noch dazu, oder sind Sie allein?«

Zugegebenerweise entspricht Nadjas Aussehen nicht unbedingt dem Bild, das uns vor allem durch die Werbung von einer erfolgreichen Karrierefrau vermittelt wird. Sie ist nicht ganz so schlank, groß und langbeinig. Ihre Attraktivität bezieht sie aus ihrer freundlichen Ausstrahlung, der Wärme, die sie vermittelt. Ganz im Gegensatz zu den immer cool wirkenden Models aus der Werbung besitzt sie eine sehr offene Art. Mit dieser Art hatte sie es zur Außendienstleiterin eines mittelgroßen Unternehmens gebracht. Eine Position, auf die sie mit ihren 35 Jahren zu Recht stolz ist.

Da es sich um eine beträchtliche Investition (acht Fahrzeuge für ihre Außendienstmitarbeiter) handelte, hatte sie beschlossen, sich persönlich vor Ort zu informieren. Sie hatte sich einen Tag Zeit dafür eingeräumt. Da das Autohaus, für das sie sich als Erstes entschieden hatte in der Nähe ihrer Wohnung lag, war sie gar nicht erst in das Büro gefahren, wodurch ihre Kleidung etwas legerer als sonst ausfiel. Um das Prestige des Unternehmens, in dem sie arbeitete zu unterstreichen, hatte sie sich für ein Autohaus entschieden, das zu den exklusiveren Adressen zählte. Jetzt stand sie in dem Ausstellungsraum und wartete darauf, angesprochen zu werden.

Nach beinahe zehn Minuten hielt sie einen vorbeieilenden Mann an, den sie richtigerweise für einen Verkäufer hielt. Die Reaktion des Verkäufers kam für sie nicht ganz überraschend. Die Erfahrung, von anderen unterschätzt zu werden, erlebte sie nicht zum ersten Mal. Wenn sie Bewerber für eine Außendienststelle im Büro begrüßte, wurde sie nicht selten für die Sekretärin gehalten. Mittlerweile machte sie sich diesen Eindruck zu Nutze, indem sie den Bewerbern Kaffee und Gebäck anbot und sich dann in Ruhe einen Eindruck von dem menschlichen Umgang des Bewerbers verschaffen konnte.

Der Autoverkäufer war froh, sich etwas Zeit verschafft zu haben. »Das ist wieder so eine Hausfrau, die sich zu Hause langweilt und sich die Zeit mit einer Probefahrt vertreiben will«, dachte er. Als er sie nach 20 Minuten nicht mehr in der Sitzecke antraf, fühlte er sich in seiner Ansicht bestätigt: »Habe ich doch gewusst, dass die gar kein ernsthaftes Interesse an einem Fahrzeug hat.«

Mit der Wahrnehmung fängt alles an

Das Transportmittel für unsere Wirkung auf andere ist die Kommunikation. Der Kommunikationsprozess besteht aus einem ständigen Wechsel von Wahrnehmung und Aussendung von Signalen und Reizen. Da der Austausch von Gedanken nicht direkt übertragen wird, müssen wir diese erst unter anderem in Worte verschlüsseln. Diese verschlüsselten Botschaften werden von dem anderen dann dechiffriert und in einen eigenen Gedanken geformt. Im besten Fall sind der Ausgangsgedanke des Abschickenden und der geformte Gedanke des Aufnehmenden identisch. Eine hundertprozentige Übereinstimmung der beiden Gedanken können wir dabei jedoch ausschließen. Denn selbst wenn unser Entschlüsselungssystem, zum Beispiel, in der Sprache grundsätzlich übereinstimmt, ergeben sich durch die individuelle

Interpretation zum Teil erhebliche Unterschiede. Der Begriff »ein schönes Haus« wird zwar von jedem von uns verstanden, jedoch würde jeder von uns, wenn er ein schönes Haus beschreiben oder skizzieren würde, ein anderes Haus beschrei-

Vor der Reaktion steht ben. Keines der beschriebenen Häuser wäre *die Wahrnehmung* in Lage, Aussehen, Ausstattung, Größe und Farbe mit einem anderen genau identisch.

Die Wirkung, die wir erzielen hängt von der Effektivität dieses Gedankenaustausches und damit von der richtigen Ver- und Entschlüsselung ab. Mit dem nebenstehenden Test können Sie Ihre Kompetenz der objektiven Wahrnehmung überprüfen.

Die Auswertung

Die erste Aussage ist mit einem »?« korrekt bewertet. Aus dem Text geht hervor, dass der Vorgesetzte den Mitarbeiter nicht für eine Gehaltserhöhung vorgeschlagen hat. Wir können jedoch nicht definitiv ausschließen, dass der Mitarbeiter dennoch (eventuell turnusgemäß) eine solche erhalten hat.

Die zweite Aussage ist ebenfalls mit einem »?« richtig bewertet. Aus dem Text geht die Gefühlslage des Mitarbeiters nicht hervor. Wir wissen also nicht, ob er verärgert war. Damit ist die Bewertung für die dritte Aussage ebenfalls ein »?«. Der Grund für die Kündigung wird uns im Text nicht genannt.

Die vierte Aussage dagegen ist falsch, also mit »F« zu bewerten. »Der Vorgesetzte hatte den Mitarbeiter für die Gehaltserhöhung vorgeschlagen«, widerspricht der Aussage im Text.

Aussage fünf sollte dagegen wieder mit einem »?« versehen sein. Wir wissen nicht, ob der Mitarbeiter das Unternehmen schon verlassen hat, uns wurde lediglich mitgeteilt, dass er eine Kündigung eingereicht hat.

Auch bei Aussage sechs ist das »?« die richtige Bewertung. »Es wurde diskutiert«, legt nicht eindeutig fest, wer diskutierte. Auch wenn dieser Satz räumlich dicht bei den Kollegen steht, können wir nicht sicher sein, ob es wirklich die Kollegen waren.

Objektivität Ihrer Wahrnehmung

Lesen Sie den folgenden Text einmal in Ruhe und konzentriert durch. Decken Sie ihn dann mit einem Blatt Papier ab und bewerten Sie die zu dem Text gestellten Aussagen aus dem Gedächtnis wie folgt:

R = die Aussage ist zutreffend
F = die Aussage ist nicht zutreffend, also falsch
? = die Richtigkeit der Aussage ist auf Grund der Informationen nicht eindeutig feststellbar

Der Text: Ein Vorgesetzter hatte einen Mitarbeiter nicht zur Gehaltserhöhung vorgeschlagen. Der Mitarbeiter reichte seine Kündigung ein. Das wurde von den Kollegen bedauert, denn er war allgemein beliebt. Es wurde darüber diskutiert, ob man etwas unternehmen solle.

Bewerten Sie nun die folgenden Aussagen

1. Der Mitarbeiter hatte keine Gehaltserhöhung bekommen ☐

2. Der Mitarbeiter war darüber verärgert und kündigte ☐

3. Der Kündigungsgrund war die nicht gewährte Gehaltserhöhung ☐

4. Der Vorgesetzte hatte zwar die Gehaltserhöhung vorgeschlagen, sie war aber abgelehnt worden ☐

5. Der Weggang des Kollegen wurde von den Kollegen bedauert ☐

6. Die Kollegen diskutierten, ob man etwas unternehmen solle ☐

7. Die Kollegen unterhielten sich mit dem Mitarbeiter ☐

8. Der Vorgesetzte war an der Diskussion der Kollegen nicht beteiligt ☐

9. Es handelte sich um einen erfahrenen und beliebten Mitarbeiter ☐

10. Der Mitarbeiter war allgemein beliebt und es wurde diskutiert, ob man etwas unternehmen solle ☐

Wir haben auch keine eindeutige Information erhalten, ob sich diese Kollegen mit dem Mitarbeiter unterhielten, deshalb auch bei Aussage sieben ein »?«.

Ähnlich verhält es sich mit Aussage acht. Ob der Vorgesetzte an der Diskussion beteiligt war, wissen wir nicht. Also »?«.

Auch Aussage neun können wir nur mit einem »?« bewerten, da wir nicht wissen, warum der Mitarbeiter beliebt war.

Aussage zehn können wir dagegen bejahen, also hier heißt es »R«. Der Text unterscheidet sich nur in der Interpunktion.

Sollten Sie mehr als fünf Aussagen korrekt bewertet haben, dürfen Sie sich zu den genauen Zuhörern beziehungsweise Lesern rechnen. Wenn jedoch 50 Prozent ein gutes Ergebnis darstellt, können wir erkennen, wie viel Interpretation normalerweise im Spiel ist.

Wahrnehmung, ein Schubladensystem mit Risiken

Auch hier spielen Erfahrungen und Einstellungen eine entscheidende Rolle. Unsere Wahrnehmung funktioniert wie ein riesiges Schubladensystem. Mit unseren Sinnen nehmen wir einen Reiz auf. Mit diesem aufgenommenem Reiz durchkämmen wir unser archiviertes Wissen nach Vergleichbarem, denn in den Schubladen sind alle selbst gemachten und von anderen überlieferten Erfahrungen abgelegt. Gleichzeitig befinden sich in diesen Schubladen auch Reaktionsanweisungen von Verhalten, die sich in diesen vergleichbaren Situationen bewährt haben. Finden

wir also eine passende Schublade (und wir finden nahezu immer eine) bekommen wir auch gleich die passende Reaktion mitgeliefert.

Dieses System ist für uns lebenswichtig. Ohne diese Schubladen müssten wir jede Situation von Grund auf analysieren und bewerten, bevor wir zu einer Reaktion fähig wären. Das würde uns schon in den alltäglichen Dingen so viel Zeit kosten, dass wir selbst hier nicht mehr ins Handeln kämen.

Jedoch birgt dieses System Gefahren, wenn wir uns zu unkritisch darauf verlassen, wie es in dem Beispiel des Autoverkäufers deutlich wurde. Eine gute Wahrnehmung liefert uns darüber hinaus Informationen, die wir direkt in Wirkung umsetzen können. Wir Männer hätten zum Beispiel nicht diese Probleme, das richtige Geschenk für unsere Partnerin zu finden, wenn wir die vielen Hinweise über das Jahr sensibler aufnehmen würden. Aber auch erspart uns eine gute Wahrnehmung Sackgassen und Missverständnisse und liefert uns die entscheidende Argumentations- und Überzeugungsstrategie.

Gutes Zuhören verschafft uns einen Informationsvorsprung

Diese Kompetenz ist trainierbar. Der kontrollierte Dialog trainiert hervorragend die auditive Wahrnehmung. Sie können ihn mit Ihrem Lebenspartner oder einem/r Freund/in durchführen. Schon nach kurzer Zeit erzielen Sie eine spürbare Verbesserung Ihrer Wahrnehmung. Der kontrollierte Dialog funktioniert wie folgt:

Der kontrollierte Dialog

Sie wählen mit Ihrem Partner ein Thema aus, zu dem sie kontroverse Standpunkte besitzen beziehungsweise für diese Übung einnehmen. Das Thema spielt dabei eine nebensächliche Rolle (Euro, Homoehe, Singleleben, Todesstrafe). Einer von beiden beginnt seine Position mit zwei bis drei Argumenten zu belegen.
Zum Beispiel »Ich bin für den Euro, weil …«. Im Anschluss wiederholt der Zuhörer diese Argumente. Erst wenn er sie sinngemäß richtig wiedergegeben hat, kann er seine zwei bis drei Gegenargumente anführen »Ich bin gegen den Euro, weil …«. Nun wiederholt der Eurobefürworter die Argumente des anderen. Hat er sie richtig wiederholt, ist er wieder an der Reihe, seinen Standpunkt zu vertreten. Dieser Dialog sollte etwa vier bis fünf Mal wechseln. Die Logik der Argumente spielt dabei keine Rolle.

Die Dominanz des ersten Eindrucks

Neben der eigenen geschulten Wahrnehmung ist eine andere Frage für die von mir erzielte Wirkung entscheidend: Wie werde ich von anderen wahrgenommen?

Wir alle kennen die Dominanz des ersten Eindrucks. Nach neuesten Erkenntnissen vollzieht sich die Entstehung dieser ersten Bewertung einer Person in Millisekunden. Natürlich spielt auch hier unser Schubladensystem eine entscheidende Rolle. Bei der Festlegung des ersten Eindrucks verlassen wir uns in erster Linie auf äußerliche Wahrnehmungen wie Kleidung, Körperhaltung, Gestik und Mimik. Da dieser Bereich mit Ausnahme der Kleidung über das Unterbewusstsein gesteuert wird, ist er wesentlich schwerer von uns zu kontrollieren als die Sprache. Der Körper lügt nicht, heißt es daher auch. Deshalb achten geschulte Wahrnehmer auch mehr auf die Körpersprache als auf das gesprochene Wort.

Für den ersten Eindruck gibt es keine zweite Chance

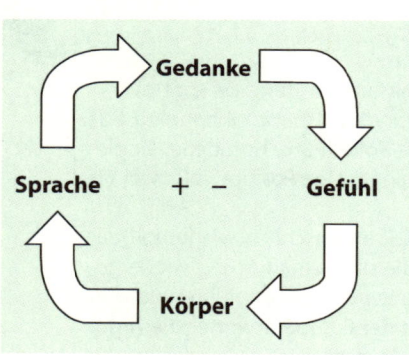

Sie zeigt uns sehr schnell, ob die Begeisterung echt oder vorgespielt ist. Erinnern Sie sich an den Zusammenhang zwischen Gedanken, Gefühl, Körper und Sprache. Es ist leichter, sich in einen guten Zustand zu bringen, als die Körpersprache gegen das eigene Gefühl zu steuern. Unsere Wahrnehmung ist meist so sensibel, dass wir eine gespielte Wertschätzung oder Freundlichkeit spüren. In dem Kapitel »Mit Bestform an den Start« (s. S. 67ff.) haben Sie Hinweise erhalten, sich in einen guten Zustand zu versetzen.

 Tipp: Schulen Sie Ihre Wahrnehmung, um den entscheidenden Informationsvorsprung zu gewinnen und achten Sie auf den ersten Eindruck, den Sie erzielen.

Empathie, die Fähigkeit, sich in den anderen hineinzuversetzen

Wer wirken will, muss fühlen (können)

»Eine Menge dieser Vorschriften umfasst die alte Regel: Setze dich in Gedanken oft in andrer Leute Stelle und frage dich selbst: Wie würde es dir unter denselben Umständen gefallen, wenn man dir dies zumutete, gegen dich also handelte, von dir das forderte? – diesen Dienst, diese Verwendung, diese langweilige Arbeit, diese Erklärung?« (Adolph Freiherr von Knigge)

Ein Mann mit Menschenkenntnis

Die Internationale Sportmesse in München lieferte uns eine gute Gelegenheit für ein Treffen. Als Retail Director (verantwortlich für den Einzelhandel) des weltweit wohl größten Sportartikelherstellers hatte Klaus die Messe als Kontaktmöglichkeit genutzt. Nun saßen wir kurz vor seiner Rückreise in einem Kaffee und er erzählte mir von seinem Aufstieg vom Sportlehrer in die Führungstage des Konzerns und dies in einem Alter von knapp über 40. Es war ein interessanter Lebenslauf, mit sehr vielen großen Veränderungen. »Es hat mir einfach Spaß gemacht, Sportartikel zu verkaufen, weil es mir schon immer Spaß gemacht hat, mit Menschen umzugehen«, erzählte er. »Diese Begeisterung war der Grund für meinen Erfolg. Das Wichtigste ist für mich auch heute noch die Menschen, mit denen ich zu tun habe, wirklich zu kennen. Wenn du einen Menschen wirklich kennen lernen willst, solltest du auch private Dinge über ihn wissen. Deshalb habe ich mir immer die Zeit genommen, mit meinen Mitarbeiter auch außerhalb der Arbeitszeit Kontakt zu halten. Sei es beim gemeinsamen Joggen oder bei einem Bier in der Gaststätte. Hier erfährst du, wie die Menschen wirklich sind und was sie bewegt. Und Menschen zu bewegen war immer mein Beruf.«

Wer Menschen bewegen will, muss sich für sie interessieren

Die Denkweise der Menschen zu verstehen, ist die Vorrausetzung, auf diese Menschen eine Wirkung zu erzielen. Das, was Menschen bewegt, ist jedoch, wie wir bei der Analyse der Eigenmotivation gesehen haben, sehr individuell. Neben eines breiten Verhaltenspektrums benötigen wir daher die Kompetenz, uns in den anderen hineinzuversetzen. Im Laufe der Zeit schränkt sich unser Verhaltensmuster immer weiter ein. Wir entwickeln unsere eigene Taktik, andere Menschen zu überzeugen. Diese Taktik entsteht aus unseren Erfolgs- und Misserfolgserlebnissen. Obgleich unsere Werkzeugkiste ein großes Sortiment an Werkzeugen anbietet, greifen wir für unser erfolgreiches Handeln doch zunehmend zu dem gleichen Instrument. Dieses Werkzeug ist uns vertraut und wir können daher damit gut hantieren, obwohl in der einen oder anderen Situation ein anderes Werkzeug viel besser geeignet wäre.

Dieses Phänomen führt dazu, dass wir mit einer Sorte Mensch sehr erfolgreich umgehen, während uns andere Personen in ihrer Art gar nicht liegen und wir mit diesen immer wieder Schiffbruch erleiden. Es liegt auf der Hand, dass uns dies in unserer erfolgreichen Wirkung sehr stark beschränkt. Das Beherrschen eines großen Repertoires an Verhaltensmustern gibt uns die Möglichkeit, auch mit für uns schwierigen Personen erfolgreich umzugehen.

Je breiter das Spektrum, desto größer das Wirkungsfeld

Damit dieser erfolgreiche Umgang nicht dem Zufall überlassen wird, benötigen wir eine Analyse des Wesens unseres Gegenübers. Ein vereinfachtes Schema hilft uns dabei. Das Diagramm auf der gegenüberliegenden Seite teilt die Personen in vier Gruppen ein. Die orientierenden Faktoren in diesem Schema sind Bestimmtheit und Emotionalität.

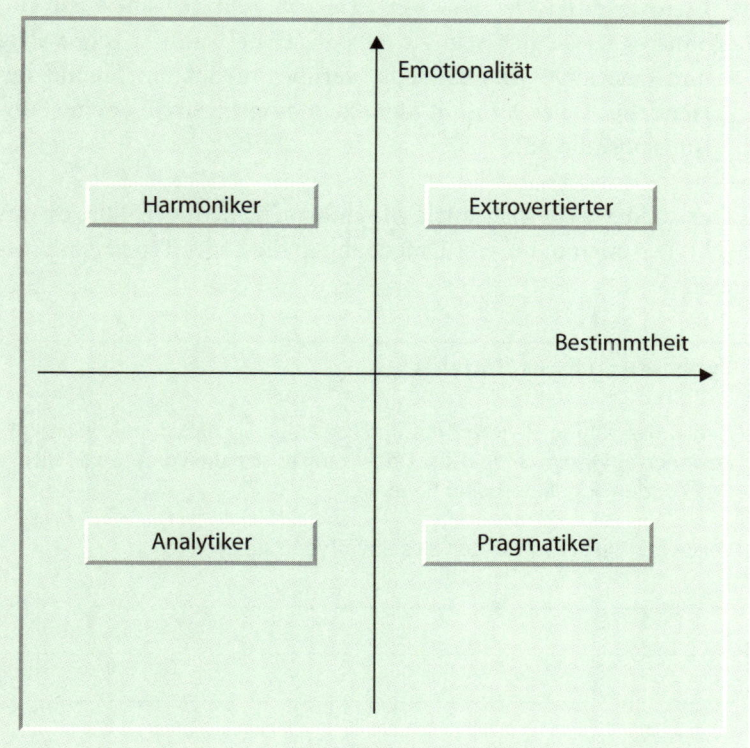

- **Analytiker:** Der Analytiker charakterisiert sich durch eine niedrige Emotionalität und eine geringe Bestimmtheit. Wichtiger als das Ergebnis ist für ihn die Analyse selbst. Er liebt Zahlen und Statistiken. Emotionen sind für ihn eine menschliche Fehlfunktion. Beruflich ist er in den Naturwissenschaften zu Hause. Forscher oder Mathematiker sind seine Traumberufe.
- **Pragmatiker:** Der Pragmatiker ist nicht sehr emotional veranlagt, dafür aber sehr praktisch. Er möchte herausfinden, wie etwas funktioniert und was es für einen Nutzen hat. Ingenieur ist sein Traumberuf.
- **Harmoniker:** Für den Harmoniker ist das Ergebnis nebensächlich, Hauptsache ist das Wohlfühlen. Er achtet darauf, dass es anderen gut geht und reagiert sehr sensibel darauf, wie er behandelt wird. In der Psychologie fühlt er sich beheimatet.

● **Extrovertierte:** Der Extrovertierte tritt sehr selbstbewusst auf, ohne es tatsächlich sein zu müssen. Dabei kann er sehr witzig und emotional wirken. Er ist darüber hinaus ein Freund des Handelns. Da er gern mit Menschen umgeht, strebt er eine Führungsposition an.

Es existieren sicherlich auch Mischformen; dennoch fällt es uns leicht, Personen in unserer Umgebung in diese vier Typen einzusortieren.

Typisierung Ihres Umfelds

Genau dies führen Sie jetzt bitte durch. Wählen Sie dazu für Sie wichtige Personen aus Ihrem Umfeld aus. Dabei kann es sich um Vorgesetzte, wichtige Kunden oder Mitarbeiter handeln.

Versuchen Sie nun, diese den einzelnen Typen zuzuordnen.

Die Typisierung dieser Menschen erleichtert uns die Ausrichtung unserer Argumentation:

Wenn wir den Analytiker überzeugen wollen, benötigen wir belegende Untersuchungen und Statistiken. Das Wissen, wie diese Statistiken entstanden sind, verschafft uns Anerkennung und gibt uns die Sicherheit, die wir bei dem nachfragenden Analytiker gut gebrauchen können. Zahlen und Fakten stehen bei unserer Argumentation im Vordergrund. Wollen wir mit dem Analytiker zu einer Vereinbarung gelangen, können wir dies am besten mit einer konkreten

Fragetechnik über die nächsten Schritte. Setzen Sie ihn allerdings nie unter Druck und geben Sie ihm genug Zeit seine Entscheidung zu treffen.

Für den Praktiker ergänzen wir die Statistiken und Vergleichstests mit einer klaren Nutzenaussage. Welche Vorteile ergeben sich für ihn und wann kann er damit rechnen. Auf die Forderung nach konkreten Vereinbarungen sollten Sie verbindlich und klar reagieren.

Für jeden Typ existiert eine geeignete Argumentation

Dem Harmoniker ist nicht so wichtig, was Sie sagen, sondern wie Sie es sagen. Schaffen Sie eine Atmosphäre, in der Sie sich beide wohl fühlen. Nehmen Sie sich Zeit, auch über private Angelegenheiten zu sprechen und fragen Sie nach. Für die Resultatserreichung ist Ihre Führung notwendig. Überlassen Sie jedoch dem Harmoniker die Entscheidung.

Für den Extrovertierten ist Ihr Interesse an seiner Person ein wichtiges Element. Lassen Sie ihn ausreden, unterbrechen Sie nicht und lassen Sie sich Details erläutern. Wenn Sie gut zuhören, liefert Ihnen der Extrovertierte sehr viel Informationen auf dem Weg zu einer Gewinner-Gewinner-Vereinbarung.

Der Gesprächserfolg wird neben der Orientierung am Typus des Gesprächspartners durch die Darstellung des Nutzen für diesen bestimmt. Nehmen wir an, Sie bewerben sich bei einem Unternehmen für eine ausgeschriebene Stelle. Da Sie nicht der einzige Bewerber für diese Position sind, wird ein Auswahlverfahren entscheiden, in dessen Mittelpunkt ein persönliches Gespräch mit dem Entscheider steht. Auf welche Strategie wäre Ihre Argumentation aufgebaut:

- Die Argumente, warum sie den Posten unbedingt haben wollen.
- Die Argumente, warum das Unternehmen Sie unbedingt einstellen sollte.

Sicherlich wären Ihre Erfolgsaussichten größer, wenn Sie die zweite Strategie verfolgen würden. Im Berufsleben gewinnt nicht unbedingt der, der das größere Leistungspotenzial besitzt, sondern der, der in der Nutzendarstellung besser ist. Versetzen Sie sich in die Lage des Entscheidungsträgers. Für welchen Bewerber würden Sie sich in den folgenden Beispielen entscheiden:

● Sie haben die Entscheidung zwischen zwei Bewerbern, von denen Person A deutlich bessere Leistung besitzt.

● Für welchen entscheiden Sie sich, wenn beide Ihre Anforderungen übertreffen? Sicherlich immer noch für Person A.

● Der grün gefärbte Bereich markiert den kommunizierten Nutzen für Ihr Unternehmen. Für wen entscheiden Sie sich jetzt?

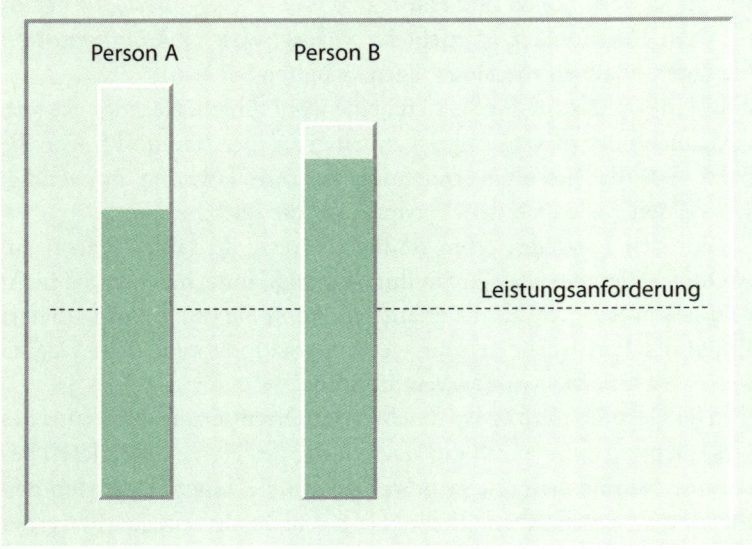

Bevor Sie dies als Bewerber umsetzen können, brauchen Sie Informationen über die Erwartungen des Unternehmens.

Kennen Sie die Erwartungen Ihres Chefs, Ihrer Auftraggeber, Ihrer Kunden? Wenn nicht, überlassen Sie das Ziel, diese mit Ihrer Leistung zu begeistern, dem Zufall. Dies wäre genauso, als wenn Sie bei einem »blind date« der Frau Ihre Vorzüge schildern, ohne zu wissen, auf welche Vorzüge sie überhaupt Wert legt.

Tipp: Erstellen Sie, bevor Sie in eine wichtige Präsentation oder Verhandlung gehen, von den wichtigsten Personen eine Art gedankliche Landkarte. Welchem Typ entsprechen die Entscheidungsträger und wie ist voraussichtlich ihre Denkweise.

Wertschätzung, das Eingangstor zu jedem Menschen

Das dominante Bedürfnis in unserer Gesellschaft

»Suche weniger selbst zu glänzen, als anderen die Gelegenheit zu geben, sich von vorteilhaften Seiten zu zeigen, wenn du gelobt werden und gefallen willst.« (Adolph Freiherr von Knigge)

Die unvergessene Dame an der Rezeption

Dieses Ereignis liegt jetzt bereits etwa sechs Jahre zurück und seine Bedeutung wird aus der Tatsache ersichtlich, dass ich mich noch sehr genau daran erinnern kann.

Es war das erste Mal, dass ich in diesem Hotel ein Seminar abhielt. Dieses Seminar dauerte zwei Tage, und ich war sehr beeindruckt von der technischen Ausstattung und dem exzellenten Service. Fast ein bisschen wehmütig checkte ich am Ende des Trainings an der Rezeption aus. Eine sehr freundliche Dame legte mir die Rechnung mit der Frage vor, ob ich mit allem zufrieden gewesen sei. »Ja sehr, ich freue mich schon darauf, dass ich in etwa fünf Wochen wieder für zwei Tage Ihr Gast sein werde«, antwortete ich wahrheitsgemäß. »Aber ich freue mich auch, dass ich jetzt ein paar Tage frei habe und zum Surfen an den Gardasee fahren kann«, ergänzte ich. Sie wünschte mir einen schönen Urlaub und lächelte mir freundlich zu.

Fünf Wochen später betrat ich wieder das besagte Hotel. Es ist ausgestattet mit neun Seminarräumen und besitzt eine Kapazität von etwa 300 Zimmern. Da es in der Nähe des Münchner Flughafens liegt, sind die Fluktuation und der Andrang im Foyer entsprechend hoch. Als ich auf den Counter zusteuerte, lächelte mich die gleiche sympathische Dame an und begrüßte mich mit den Worten: »Hallo, Herr Knigge, schön dass Sie wieder bei uns sind«. Ich war völlig überrascht, dass sie sich meinen Namen gemerkt hatte. Mit dem nächsten Satz jedoch verblüffte sie mich vollends: »Wie war es denn am Gardasee?« Ich fiel aus allen Wolken und hatte das Gefühl, schlagartig mindestens zehn Zentimeter zu wachsen.

Nun bin ich von mir nicht so eingenommen, dass ich angenommen hätte, diese Merkfähigkeit sei auf meine Erscheinung zurückzuführen. Ich bin mir sicher, dass sich die Dame hinter dem Ccounter nach dem ersten Auschecken den Hinweis »Gardasee« notiert hatte. Aber egal, ob dies nun der Fall war, diese Begrüßung erzielte bei mir die sicherlich gewünschte Wirkung, was nicht nur an dem von mir gegebenen Trinkgeld zu erkennen war.

Die Wirkung von Wertschätzung

Für die Überzeugungskraft unserer Kommunikation ist mehr als der Inhalt die Gesprächsatmosphäre verantwortlich. Unsere Argumentation kann erst dann eine Wirkung erzielen, wenn es uns gelungen ist, eine die Wirkung unterstützende Atmosphäre herzustellen. Das Zugangstor für diese Atmosphäre ist die Wertschätzung. Wertschätzung ist das Eingangstor zu jedem Menschen, weil das Bedürfnis nach Anerkennung bei keinem von uns völlig abgedeckt ist. Paradoxerweise verringert sich die erhaltene Wertschätzung meist, je erfolgreicher jemand ist. Wenn wir uns zum Beispiel einen erfolgreichen Manager vorstellen (ich

Wichtiger als der Inhalt ist die Sympathie

wähle hier bewusst die männliche Form, wohl wissend, dass sehr viele erfolgreiche Managerinnen existieren). Von wem erhält dieser Wertschätzung und Anerkennung? Von seinen Kolleginnen oder Kollegen?

In dem Konkurrenzkampf, in dem wir uns befinden oder in den wir uns begeben, erntet ein erfolgreicher Kollege eher Neid als Lob, was zu dem geflügelten Wort geführt hat, dass Neid das größte Kompliment in unserer Gesellschaft darstellt.

Von seiner Lebenspartnerin oder Ehefrau? So selten, wie er zu Hause ist, halte ich das für eher unwahrscheinlich. Zudem er, sobald er die Haustür betritt, erst einmal im PC nachsieht, ob er eine wichtige E-Mail erhalten hat oder er schaut im Internet nach, wie sich die Börsenkurse verändert haben, bevor er sich mehr oder weniger seiner Familie widmet.

Die erste und entscheidende Form, Wertschätzung zum Ausdruck zu bringen besteht in dem Signalisieren von Interesse. Ich interessiere mich für dich, weil du es wert bist. Es gibt vier kommunikative Mittel, diese Wertschätzung zum Ausdruck zu bringen:

- Zu- beziehungsweise Hinhören,
- Nachfragen,
- individuelle Ansprache,
- Aussprechen von Lob und Anerkennung.

Gutes Zuhören gilt als die Königsdisziplin in der Kommunikation. Dies kommt schon in dem sehr alten Spruch »Reden ist Silber, Schweigen ist Gold« zum Ausdruck, der jedoch nicht in jedem Fall richtig ist. Aufmerksames Zuhören ist keine leichte Übung. Wie wir im kontrollierten Dialog (s. S. 87) fühlen konnten, fordert es von uns mit zunehmender Dauer einen nicht unwesentlichen Energieeinsatz. Diese Investition von Energie lohnt sich in den meisten Fällen, weil wir durch sie eine Reihe von nützlichen Informationen erhalten und gleichzeitig dem Gesprächspartner Interesse signalisieren. Diesen Einsatz können wir jedoch nur dann einbringen, wenn unser Interesse nicht geheuchelt, sondern ehrlich ist.

Gutes Zuhören signalisiert Interesse

Mit einem grundsätzlich negativen Menschenbild wird uns dies nicht gelingen. Meine größten Entwicklungssprünge habe ich Menschen zu verdanken, die für mich Vorbilder geworden sind. Zum Teil durch Einstellungen, die ich für interessant hielt oder nur kleine Verhaltensweisen oder Gesten. Wenn Sie sich für andere interessieren, erhalten Sie neben interessanten Impulsen auch Interesse zurück.

Bei den Personen, bei denen dies nicht funktioniert, können Sie mit dem Zauberwort »übrigens« einen sanften Übergang zu einem anderen Thema beziehungsweise die Unterbrechung des Monologs einleiten. Das konkrete Nachfragen verstärkt das Signal des Interesses an dem Gesprächspartner. »Sie haben gerade erzählt, dass ... wie kann ich mir das in diesem Fall vorstellen?« Dieses Nachfragen beweist zudem, dass Sie auch wirklich hingehört haben und bietet die Gelegenheit, Missverständnisse zu klären, bevor sie entstehen.

Die in einem derart geführten Gespräch gewonnenen Informationen bieten einen hervorragenden persönlichen Einstieg bei dem nächsten Zusammentreffen. Analog zu der von mir erlebten Situation in dem Seminarhotel können Sie hier bereits bei der Begrüßung entscheidende Akzente setzen. Sollten Sie sich hierbei nicht so recht auf Ihr Gedächtnis verlassen können, legen Sie sich in Ihrem Adressmanager oder Timer ein Merkwortverzeichnis an.

Das Internet als interessante Informationsquelle

Vor dem Zusammentreffen mit wichtigen Geschäftspartnern habe ich es mir zur Angewohnheit gemacht, mir Informationen über das Unternehmen oder die Person im Internet zu besorgen. Das Internet bietet eine überraschend hohe Anzahl an Informationen, mit denen ein persönlicher Einstieg in ein Gespräch erleichtert wird. Sie werden überrascht sein, was Sie bei der Eingabe der richtigen Suchbegriffe in den entsprechenden Suchprogrammen wie Altavista, Lycos, Fireball oder Yahoo über ein Unternehmen oder eine Person erfahren können.

Der Umgang mit Lob und Anerkennung ist für uns zu einer schwierigen Herausforderung geworden, egal ob wir in der Rolle des Lobenden oder Gelobten sind. Ein Kind erhält bis zum Erwachsenenalter etwa viermal mehr Kritik als Lob. »Dazu bist du noch zu jung. Lass das sein. Das kannst du nicht. Du bist doch zu allem zu dumm.« Dies sind Sätze, an die sich auch der/die ein oder andere von uns gut erinnern können. »Das hast du sehr gut gelöst. Probier es aus, ich trau es dir zu. Ich habe dich gerade beobachtet und fand es sehr schön von dir, wie ...« Hier müssen wir wahrscheinlich etwas länger in unserer Erinnerung kramen. Hoffentlich machen wir es mit unseren Kindern besser.

Lob und Anerkennung erzielt dann eine Wirkung, wenn wir es bewusst und bezogen auf eine konkrete Verhaltensweise anwenden. »Ich finde, Sie sind ein guter Mitarbeiter« wird diese Wirkung nicht erzielen. »Ich habe mitbekommen, wie Sie mit diesem schwierigen Kunden gesprochen haben. Mich hat dabei fasziniert, mit welcher Ruhe Sie auf seine Beschwerden reagiert haben,« dürfte bei dem Mitarbeiter eher ankommen.

Dafür, dass es uns schwer fällt, Lob anzunehmen, tragen auch Kommunikationstrainer wie ich einen Teil der Schuld. Eine Zeit lang wurde in Führungsseminaren die LIMO-Technik als Möglichkeit zur Kritikvermittlung trainiert. Dabei stehen die Buchstaben:

L für Loben
I für Information geben
M für Mängel aufzeigen und
O für Orientierung geben.

Das bedeutete, dass Führungskräfte als Einleitung für das Kritikgespräch immer ein Lob aussprechen sollten: »Ich bin mit Ihrer Leistung im Allgemeinen sehr zufrieden, aber ...« Diese Technik trug mit dazu bei, dass jeder, der gelobt wird, damit rechnet, dass da doch irgendwo ein Haken an diesem Lob sein muss.

Aber auch ohne diese Technik ist das Annehmen von Lob für viele von uns eine schwierige Angelegenheit. »Das war ja gar nicht so schwierig«, »da hatte ich einfach Glück« oder »jeder andere hätte das bestimmt genauso geschafft« sind so typische Antworten auf Lob. Offensichtlich ist es uns peinlich, gelobt zu werden und wir fühlen uns genötigt, unsere Leistung zu relativieren.

Natürlich trägt auch hier unsere Prägung eine entscheidende Verantwortung. Eines der wichtigsten Erziehungsziele war und ist die Prägung zur Bescheidenheit. Sicher ist Bescheidenheit eine wichtige Tugend, sie darf jedoch nicht dazu führen, dass wir unsere Leistungen und Erfolge nicht mehr feiern. »Eigenlob stimmt« hat Sabine Asgodom eines ihrer Bücher tituliert. Ich habe immer wieder feststellen können, dass vordergründig arrogantes Auftreten in Wirklichkeit aus einem Gefühl der Unsicherheit entsteht.

Die Prägung zu Bescheidenheit hat seine Spuren hinterlassen

Gerade bei Frauen stelle ich zunehmend fest, dass sie den Punkt der Zufriedenheit mit sich selbst selten erreichen. Vor allem junge Frauen scheinen den Hang zum Perfektionismus verinnerlicht zu haben. Dabei mögen die erhöhten Anforderungen, vor allem im Geschäftsleben, sich in einer Männerumgebung zu behaupten, einen Teil der Verantwortung tragen.

Auf das Erreichte stolz zu sein und sich darüber zu freuen ist keine Untugend, sondern ein entscheidender Energielieferant, die vor einem liegenden Aufgaben mit Selbstvertrauen anzugehen.

 Tipp: Achten Sie darauf, Wertschätzung zu geben, nehmen Sie verdientes Lob an und feiern Sie Ihre Erfolge.

Das Beherrschen der Beziehungsebene

Die Größe des Eisbergs unter der Wasseroberfläche

»*Eine gewisse Leichtigkeit im Umgange also, die Gabe, sich gleich bei der ersten Bekanntschaft vorteilhaft darzustellen, mit Menschen aller Art zwanglos sich in Gespräche einzulassen und bald zu merken, wen man vor sich hat und was man mit jedem reden könne und müsse, das sind Eigenschaften, die man zu erwerben und auszubauen trachten soll.*« (Adolph Freiherr von Knigge)

Die zusätzliche Arbeitskraft

Der zunehmende Arbeitsumfang war von unserer Assistentin Gabriela kaum mehr zu bewältigen. Aus diesem Grund entschieden mein Partner und ich, eine zusätzliche Mitarbeiterin einzustellen. Wir hatten uns bald für Karin entschieden, die mit ihren Kenntnissen eine gute Ergänzung zu Gabrielas Kompetenzen zu sein schien.

Wir waren mit der geleisteten Arbeit von Karin sehr zufrieden. Allerdings schien Gabriela in ihrer Motivation etwas nachzulassen. In den Meetings verhielt sie sich ungewöhnlich zurückhaltend und jedes persönliche Gespräch wurde von ihr schnell abgeblockt.

Nach ein paar Wochen stellten wir eine zunehmende Verschlechterung des Arbeitsklimas fest. Es wurde nicht mehr so viel gelacht wie früher und in den Pausen trank jeder seinen Kaffee lieber an seinem Arbeitsplatz, anstatt im Gemeinschaftsraum.

Es war höchste Zeit, dieser Entwicklung entgegenzusteuern. Ich vereinbarte mit Gabriela einen Termin außerhalb der Bürozeit und lud sie zu einem Abendessen in einem Restaurant in der Nähe ein, um mit ihr über die Situation zu sprechen. Zu Beginn des Gesprächs schien mir Gabriela sehr verunsichert. Wie sich später herausstellte, hatte sie damit gerechnet, von mir gekündigt zu werden. Diese Angst war auch der Grund für ihr verändertes Verhalten in den letzten Wochen. Karins Einstellung empfand sie als Bedrohung ihrer Position. Dass Karins Leistung sehr ansprechend war verstärkte diese Angst.

Ich nahm mir viel Zeit, Gabrielas Ängste auszuräumen. Tatsächlich war sie für uns unentbehrlich. Sie war seit der Gründung des Unternehmens bei uns und kannte sich in vielen Dingen besser aus als wir selbst. Zudem legten wir in den nächsten Tagen eine klare Aufgabenbeschreibung an.

Die verschiedenen Seiten einer Nachricht

Schultz von Thun hat in seinem Nachrichtenquadrat die Kommunikation in vier Bereiche unterteilt. Danach stecken in jeder Nachricht vier Seiten.

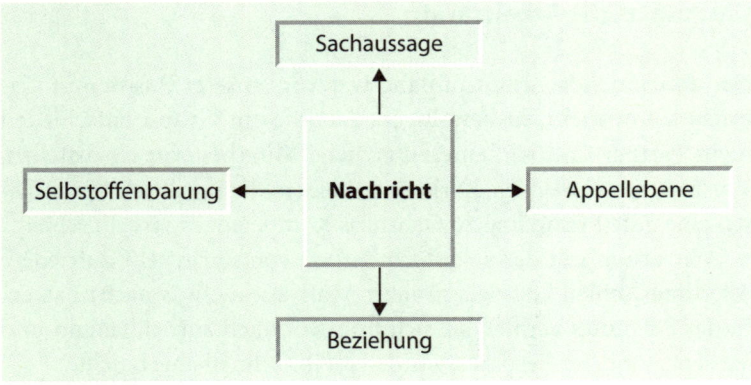

Ein Beispiel soll Ihnen diese Aufteilung verdeutlichen.

Der Vorgesetzte sagt zu seinem Mitarbeiter: »Diesmal möchte ich das Ergebnis rechtzeitig haben.«

- Sachaussage: Das nächste Ergebnis soll ihn pünktlich erreichen.
- Selbstoffenbarung: »Es ist mir wichtig, dieses Ergebnis rechtzeitig zu erhalten. Ich bin verärgert, weil es das oder die letzte(n) Male nicht geklappt hat.«

- Appellebene: »Achten Sie darauf, dass es diesmal klappt. Sie sollten schneller arbeiten. Akzeptieren sie meine Anweisungen.«
- Beziehungsebene: »Ich bin ihr Vorgesetzter. Ich fühle mich von Ihnen nicht ernst genommen.«

Bei der Aufschlüsselung in die einzelnen Ebenen spielt die Betonung der ausgesprochenen Nachricht eine sehr große Rolle. Sie sind für mich der Größte, kann je nach Betonung ein großes Lob oder aber genau das Gegenteil meinen.

Jede Nachricht beinhaltet die vier angesprochene Ebenen. Die Gewichtung kann deutlich differieren. Aus Sicht des Vorgesetzten könnte die Gewichtung auf allen vier Ebenen liegen. Die Nachricht allein lässt darüber keine eindeutige Festlegung zu. Dies bedeutet jedoch auch, dass der Empfänger die freie Wahl hat, wo er die Gewichtung sieht, was zu unterschiedlichen Reaktionen führt. Bewertet der Empfänger den Schwerpunkt auf der Selbstoffenbarung, wird er sich darüber Gedanken machen, warum der Chef so eine schlechte Laune hat und ihm vielleicht einen Kaffee anbieten. Die Reaktion auf die Appellebene wäre das Bemühen um eine schnellere Arbeitsweise, während der Schwerpunkt auf der Beziehungsebene zur Folge haben könnte, dass der Mitarbeiter den Chef noch mehr ignoriert, um ihm zu zeigen, dass er tatsächlich nichts von ihm hält.

Die Reaktion hängt ab von der Wahl der Ebene

Der sensibelste Bereich in der Kommunikation ist die Beziehungsebene. Hinter den meisten Auseinandersetzungen auf der Sachebene verbergen sich wahre Störungen in der Beziehung:.

- Der Kollege, der ständig die Arbeit des anderen kritisiert, weil er in Wirklichkeit neidisch auf dessen Fähigkeiten ist.
- Der Mitarbeiter, der die Anweisungen seines Chefs immer wieder ignoriert, weil er sich von diesem bevormundet fühlt.
- Der Chef, der den Mitarbeiter ständig Anweisungen erteilt, weil er ihn disziplinieren will.

Der Versuch, in diesen Fällen die Probleme auf der Sachebene auszutragen muss scheitern, da das wirkliche Problem damit nicht gelöst werden kann. Wie hätte sich zum Beispiel der zu Beginn des Kapitels angeführte Konflikt bei einer derartigen Entwicklung fortgesetzt: Gabriela hätte sehr wahrscheinlich verstärkt die Arbeit von Karin kritisiert. Sie hätte sich vermutlich auf die ständige Fehlersuche begeben. Karin hätte sich gegen diese ständige Kontrolle zu Wehr gesetzt, dass dieser Aufgabenbereich Gabriela nichts anginge. Darauf hätte diese sich noch mehr missachtet gefühlt und die Auseinandersetzung wäre leicht bis zu Mobbingmethoden eskaliert.

Entschärft werden konnte dieses Thema nur durch eine Klärung auf der Beziehungsebene. Dies heißt nicht, dass die beiden ein freundschaftliches Verhältnis eingehen müssen. Für die gute Zusammenarbeit reicht die Akzeptanz der Zuständigkeiten und Hierarchien völlig aus.

 Ausführlich können Sie dies alles nachlesen in dem Buch von Schulz von Thun »Miteinander reden 1«. Rowohlt. Reinbek bei Hamburg 1981.

Während der Ausbildung von Verkäufern einer exklusiven Automarke traf ich auf eine andere interessante Situation.

 In dem Rollenspiel versuchte der Verkäufer die Inhaberin einer Modeboutique als Kundin zu akquirieren. Diese argumentierte, dass sie mit ihrem sportlichen Kleinwagen sehr zufrieden sei und dieser zudem wesentlich günstiger wäre. Darauf entgegnete der Autoberater, dass die Marke, die er vertrete, Premiumprodukte herstelle und dabei großen Wert auf Qualität legen würde.

Der Verkäufer beabsichtigte mit dieser Formulierung die Wertigkeit seines Produkts positiv darzustellen. Die Kundin nahm diese Aussage jedoch auf der Beziehungsebene auf. Auf sie wirkte diese Äußerung arrogant und herabsetzend. So als ob sie wohl keinen Wert auf Qualität legen würde oder sich ein teures Auto nicht leisten könne. Diese Bewertung auf der Beziehungsebene verhinderte eine weitere erfolgreiche Kommunikation. Hätte der Verkäufer den Satz etwas verändert, wäre er dieser Gefahr aus dem Weg gegangen: »Für Sie als

Besitzerin einer Modeboutique spielt Design und Qualität sicher eine wichtige Rolle. Bei unseren Fahrzeugen haben wir besonderen Wert darauf gelegt, dass ... Wäre das für Sie beim Kauf eines Neuwagens ein interessanter Aspekt?«

Die Vermischung von Sach- und Beziehungsebene ist in vielen Fällen die Ursache für Konflikte und Misserfolge im Berufsleben. In einer Zeit, in der die Produkte in Qualität, Leistung und Preis immer ähnlicher werden, wächst gerade im Verkauf die Bedeutung von Sympathie und Antipathie zwischen Berater und Kunden. Im innerbetrieblichen Bereich führen Störungen auf der Beziehungsebene zu gravierenden Energieverlusten. Nach einer aktuellen Studie ist ein schlechtes Betriebsklima der Motivationskiller Nummer 1.

Das Betriebsklima ist entscheidend für die Motivation der Mitarbeiter

Einer bereits vorhandenen Störung kann mit zwei Strategien entgegengewirkt werden:

- Appell zur Sachlichkeit: In den Fällen, in denen sich die Störung noch im Anfangsstadium befindet und ein Ergebnis unter einem gewissen Zeitdruck erreicht werden muss, kann dieser Appell zur Versachlichung der Argumentations- und Arbeitsweise durchaus kurzfristig zum Erfolg führen.
- Die Beziehung zum Thema machen: Hat das Beziehungsproblem eine gewisse Dimension angenommen, ist ein offenes Gespräch mit den Beteiligten erforderlich. Wird dieses Gespräch in einer entspannten Atmosphäre und ehrlich geführt, werden sich sehr oft Fehlinterpretationen und Vorurteile klären lassen.

Ob dieses Gespräch zu einer Verbesserung des Klimas führt, wird dabei von der Kompetenz abhängen, Kritik auszusprechen, ohne die Persönlichkeit des anderen zu verletzen.

Tipp: Achten Sie in Ihrer Kommunikation auf eindeutige Aussagen. Nachfragen kann Missverständnisse vermeiden. Beim genauen Hinhören können Sie die vier Ebenen gut unterscheiden.

Die Kompetenz, Kritik zu üben und anzunehmen

Chancen zum Wachstum

»*Gehe von niemand und lass niemand von dir, ohne ihm etwas Lehrreiches oder etwas Verbindliches gesagt und mit auf den Weg gegeben zu haben; aber beides auf eine Art, die ihm wohl tue, seine Bescheidenheit nicht empöre und nicht studiert scheine ... und dass er fühle, du nehmest Interesse an seiner Person, es gehe dir von Herzen, du verkaufest nicht bloß deine Höflichkeitsware ohne Unterschied jedem Vorübergehenden.*« (Adolph Freiherr von Knigge)

Das schief gelaufene Kritikgespräch

Die Tochter war immer noch nicht zu Hause. Obwohl fest vereinbart war, dass sie um 23.00 Uhr zurück sein sollte. Inzwischen war es kurz vor ein Uhr und sie war immer noch auf der Party irgendeines Schulkameraden. Hätte ich mir doch nur die Nummer oder den Namen geben lassen, dann könnte ich jetzt anrufen. – In der Zwischenzeit hatte die Mutter einige Gefühlsschwankungen durchlebt. Gegen 23 Uhr hatte sie voller Erwartung auf das Erscheinen ihrer Tochter gewartet. Gegen halb zwölf hatte sich der Ärger in Wut gesteigert. Um halb eins war von der Wut nichts mehr übrig, denn jetzt war die Sorge, dass der Tochter etwas zugestoßen sein konnte, das beherrschende Gefühl. Diese Sorge war gerade dabei, sich in Panik zu verwandeln, als sich die Tür öffnete.

»Wo kommst du denn jetzt her. Bist du völlig übergeschnappt? Schau mal auf die Uhr, wo warst du so lange. Geh ins Bett, wir sprechen uns morgen.« So in etwa fiel die Begrüßung aus.

Am nächsten Morgen war die Stimmung am Frühstückstisch ziemlich miserabel. Die Mutter hatte vergebens auf eine Entschuldigung gewartet. Die Tochter hatte sich zu Unrecht attackiert gefühlt und schmollte deshalb. Sie hatte beim Feiern die Zeit völlig übersehen. Da sie etwas getrunken hatte, wollte sie nicht mehr mit dem Mofa fahren und musste jemanden finden, der sie nach Hause fuhr.

So fühlte sich jeder ungerecht behandelt und es dauerte ziemlich lange, bis das Schweigen gebrochen war und noch ein bisschen länger, bis alle wieder freundlich miteinander redeten.

Richtig kritisieren

Sowohl im Privat- wie auch im Berufsleben kommen wir immer wieder einmal in die Situation unangenehme Dinge ansprechen zu müssen. Das richtige Kritisieren ist schon deshalb eine Kunst, weil wir uns dabei nicht selten der Persönlichkeit des anderen nähern. Einigen Menschen scheint das Kritisieren dagegen so einen Spaß zu machen, dass sie den ganzen Tag nicht davon lassen. In diesen Fällen liegt die Motivation zur Kritik in dem Beziehungskampf um die Macht. In diesen Fällen wird das Kritikgespräch für die Klärung der Machtverhältnisse missbraucht.

Motivation und Intention spielen beim richtigen Kritisieren die entscheidende Rolle. Warum wollen wir kritisieren? Wir kritisieren grundsätzlich aus vier verschiedenen Gründen:

- dem anderen die eigene dominante Position anzuzeigen,
- Frust abzubauen,
- uns zu rächen,
- dem Kritisierten einen Impuls zur Veränderung zu geben.

In jedem Fall sollte ich mir vorher meiner Motivation zum Kritisieren bewusst werden. Denn erst dann kann ich eine effektive Methode zur Zielerreichung auswählen. Hätte die Mutter bewusst eine Verhaltensänderung bei ihrer Tochter angestrebt, hätte sie bestimmt eine andere Vorgehensweise gewählt.

Der wohl häufigste Anlass zur Kritik ist der Machtkampf. Kritisiere ich den anderen, dann setze ich damit ein deutliches Signal, dass ich in der Rolle bin, ihn kritisieren zu können. Dieses Verhalten gleicht sehr den Hierarchieritualen in der Tierwelt. Da wir den anderen aber nicht mehr beißen oder treten dürfen, greifen wir zu dem Mittel der Kritik. Sollte der Kritisierte dies jedoch nicht akzeptieren, sind wir schnell in einem Streit, in dem es sich vordergründig um die angesprochene Sache, tatsächlich aber um einen Machtkampf handelt. Diese Kämpfe können dann ein Leben lang andauern, ohne zu einer Klärung zu führen.

Das zweite Motiv ist das des Frustabbaus. Ich hatte einen stressigen Tag, an dessen Gipfel ein unangenehmes Gespräch mit meinem Chef stattfand. Es tut gut, in diesem Moment auf einen Mitarbeiter zurückgreifen zu können, den man schon lange mal die Meinung geigen wollte. Die Formulierung der Kritik fällt dann entsprechend aus, ist aber in diesem Moment auch gar nicht so wichtig.

Der dritte Auslöser ist dem vorherigen sehr ähnlich, unterscheidet sich nur dadurch, dass sich meine Kritik nicht gegen den Mitarbeiter, sondern den Auslöser meines Frusts, den Chef richtet. Kritik üben aus Rache ist ein beliebtes Gesellschaftsspiel, das mit einer faszinierenden Ausdauer gespielt wird.

Das einzige berechtigte Motiv ist jedoch die gut gemeinte Impulsgabe für eine Verhaltensänderung. Gut gemeint bedeutet in diesem Fall, dass die angesprochene Verhaltensänderung einen Nutzen für den Kritisierten zur Folge hat, ihm ein Fehlverhalten spiegelt, das ihm selbst nicht aufgefallen ist oder für das er noch keine Alternative gefunden hat. Das Ziel sollte daher immer darin bestehen, ihm eine Lösungsmöglichkeit aufzuzeigen. Um dieses Ziel zu erreichen, sollten wir es dem Kritisierten so leicht wie möglich machen. Auf die Formulierung kommt es in diesem Fall sehr stark an. Anhand eines Beispiels finden wir die richtigen Zutaten.

Kritik bedeutet eine Hilfestellung zur positiven Veränderung

Der Chef hat mich vor Kunden und Kollegen »zur Schnecke ge- macht«. Bei dem Inhalt der Kritik hatte er nicht Unrecht, aber die Art und Weise, wie er es gemacht hat, ärgert mich. Ich entschließe mich dazu, ihm dies zu sagen. Meine Motivation für diese Kritik ist nicht Rache, sondern der Versuch, ihm einen Impuls zur Veränderung zu geben und damit eine Wiederholung in Zukunft zu vermeiden.

Welche Rahmenbedingungen wählen Sie für dieses Gespräch und wie würden Sie die Kritik formulieren? Nehmen Sie sich etwas Zeit, diese Fragen zu beantworten.

Um die Chance, eine Verhaltensänderung bei dem Kritisierten auszulösen, möglichst hoch zu halten, sind folgende Aspekte zu beachten: Bei der Wahl des Zeitpunktes sollten Sie warten bis Sie ein normales Erregungsniveau erreicht haben, das Ihnen eine sachliche Formulierung ermöglicht. Warten Sie aber nicht zu lange, weil sonst die Gefahr besteht, dass Sie dieses Gespräch canceln. Bei einem normalen Verhältnis zwischen Ihnen und Ihrem Chef ist ein Gespräch unter vier Augen am besten geeignet.

Bei der Formulierung sollten sie folgende Punkte berücksichtigen:

- Konkreten Sachverhalt ansprechen.
- Wie hat das Verhalten auf mich gewirkt.
- Wie hätte ich es mir gewünscht.

Bitte beachten Sie, dass Sie dabei unbedingt Ich-Sätze verwenden!

Konkreten Sachverhalt ansprechen:

Mit der Konkretisierung kommt zum Ausdruck, dass nicht die ganze Person, sondern ein bestimmtes Verhalten angesprochen wird. »Ihre Art mit Mitarbeitern umzugehen ist saumäßig!« ist derart pauschal, dass der Kritisierte, selbst bei höchster Motivation etwas zu verändern, gar nicht weiß, was er verändern soll und wo er ansetzen kann. Es ist für den Kritisierten auch wesentlich leichter Pauschalvorwürfe zu entkräften. Deshalb:»Sie haben mich vorhin vor Kunden und Kollegen kritisiert.«

Wie hat es auf mich gewirkt?

Dieser Punkt spricht die Gefühlsebene an. Wir sind trainiert, unsere Gefühle zu verbergen. Bei einem Kritikgespräch können Emotionen aber die besten Argumente sein:»Das macht mich traurig«,»es hat mich verletzt«,»ich habe mich darüber geärgert« oder wie hier »ich fühle mich dadurch vor den Kunden bloßgestellt.« Über Gefühle lässt sich nicht streiten. Wenn dieses Gefühl bei Ihnen ausgelöst wurde, kann Ihr Chef es nicht dementieren.

Wie hätte ich es mir gewünscht?

Kritik soll immer konstruktiv sein. Sie soll einen Vorschlag enthalten, der dem Angesprochenen eine Lösung anzeigt und ihm signalisiert, dass es uns um diese Lösung geht:»Ich finde es besser, wenn wir diese Gespräche unter vier Augen führen.«

Ich-Sätze verwenden

Formulierungen mit man, du, oder Sie sind wenig hilfreich. Sie bewirken eine Atmosphäre des Attackierens und Angreifens und wecken daher bei dem Gegenüber Widerstand. Beim richtigen Kritisieren geht es nicht darum, Regeln und Gesetze festzulegen, sondern einen persönlichen Konflikt zu klären.

Umgang mit erhaltener Kritik

Kritisiert zu werden ist immer eine unangenehme Situation. Daraus resultiert ein häufig auftretendes Reaktionsverhalten, dass Kritik sinnlos macht: Als Erstes zweifeln wir den Inhalt der Kritik an und suchen nach Beweisen, die diese Unrichtigkeit belegen. Wenn uns das nicht gelingt, beginnen wir unser Fehlverhalten zu rechtfertigen. Wenn uns dies auch nicht so recht glückt, drehen wir den Spieß einfach um:»Der braucht gerade zu reden..., der hat doch selbst...« Diese Reaktion verdammt das Kritikgespräch zu einem wirkungslosen Instrument der Kommunikation.

Gut gemeinte Kritik beinhaltet die Möglichkeit zur Weiterentwicklung. Nutzen Sie diese Möglichkeit, wenn jemand den Mut aufbringt, Sie auf mögliche Potenziale hinzuweisen, die Sie selbst so nie wahrnehmen könnten. Falls Sie nicht sicher sind, fragen Sie einen Bekannten, ob diese Kritik berechtigt sein könnte. Suchen Sie sich dabei jemanden aus, von dem sie wissen, dass dieser ehrlich zu Ihnen ist.

Ist diese Kritik berechtigt, denken Sie über die genannten Lösungen nach oder entwickeln Sie eigene. Setzen Sie diese Lösungen um und testen Sie die Reaktionen. Vielleicht werden Sie sich bei Ihrem Kritiker später für die Kritik bedanken.

Tipp: Verstehen Sie Kritik als eine positive zur Weiterentwicklung sowohl wenn Sie kritisieren als auch wenn Sie kritisiert werden. Sagen Sie dem Kritisierten, warum Sie ihn kritisieren.

Merkwürdige und sinnvolle Kommunikation

Was wirklich ankommt

»*Ein großes Talent ist, lebhaft im Vortrage zu sein und mit natürlichen Farben zu malen.*«

»*... die Gabe, mit wenig körnigten Worten viel zu sagen, durch Weglassung kleiner unwichtiger Details die Aufmerksamkeit wach zu erhalten, und dann wieder, zu einer anderen Zeit, die Geschicklichkeit, einen nichts bedeutenden Umstand durch Lebhaftigkeit der Darstellung interessant zu machen – das ist die wahre Kunst der gesellschaftlichen Beredsamkeit.*« (...) »*Wahrer Humor und echter Witz lassen sich nicht erzwingen, nicht erkünsteln, aber sie wirken wie das Umschweben höhern Genius, wonnevoll, erwärmend, Ehrfurcht erregend.*« (Adolph Freiherr von Knigge)

Der langweilige Professor

Folterknecht schrieb ich auf das Blatt, das vor meinem Freund lag. Ich meinte damit den Professor, der gerade die Referenten und Teilnehmer der Tagung begrüßte.

Ich stelle mir oft die Frage, woher manche Personen das Recht ableiten, vor einigen oder mehreren Zuhörern als Redner zu stehen. In diesem Fall schien sich die Berechtigung aus dem Titel und eventuell dem Wissen des Vortragenden zu ergeben. Den zweiten Aspekt konnte ich jedoch nicht beurteilen, da es mich zu viel Energie gekostet hätte, dem Vortrag inhaltlich zu folgen.

Den etwa 150 Zuhörern um mich herum schien es ähnlich zu ergehen, was ich an ihrer Körpersprache erkennen konnte. Eigentlich wollte der Professor alle Anwesenden begrüßen. Zum Einstieg seiner Begrüßung hatte er versprochen, sich kurz zu fassen. Inzwischen schien er Gefallen an seinem Vortrag gefunden und damit sein Versprechen vergessen zu haben. Groteskerweise handelte es sich um eine Tagung von Pädagogen, die sich über innovative Methoden der Wissensvermittlung beraten wollten.

Ich möchte hier nicht das Gesellschaftsspiel betreiben, das da heißt »Schimpft auf die Lehrer«. Zum einen habe ich viele Führungskräfte in Unternehmen ebenfalls als hervorragende Folterknechte erlebt. Zum anderen kenne ich viele Lehrer, die ihren Beruf ausgezeichnet verstehen. Meinen Freund, neben dem ich bei der Begrüßung saß, zähle ich zu diesen vorbildlichen Pädagogen.

Der Professor nicht. Der Applaus schien mir die Belobigung dafür zu sein, dass er wider Erwarten doch noch einen Abschlusssatz formuliert hatte.

»Merk-würdig« und »sinn-voll« überzeugen

Die Qualität eines Vortrags oder einer Präsentation misst sich allein an der Behaltensquote der Zuhörer. Wie viele Informationen werden von dem Publikum aufgenommen und wie lange bleiben diese Informationen im Gedächtnis haften. Die Behaltensquote ergibt sich zum einen aus der Bedeutung des Inhalts und der Art und Weise der Darstellung.

Die Behaltensquote bestimmt die Qualität des Vortrags

Was nützt der schlaueste Referent, wenn er nicht die Kompetenz besitzt, sein Wissen interessant zu vermitteln. Diese Erkenntnis gilt nicht nur für einen Vortrag, sondern für jede Art der Kommunikation. Natürlich hinterlässt auch ein langweiliger Gesprächspartner eine Wirkung. Die Frage ist nur, ob diese negative Wirkung auch gewollt ist. Wir werden heute auf allen möglichen Kommunikationskanälen mit Informationen überhäuft. Die große Masse dieser Informationsflut landet auch gedanklich im Papierkorb. Nur ein geringer Anteil wird von uns wahrgenommen und ein noch geringerer bleibt uns im Gedächtnis. Wie aber schaffen wir es, in diesem Wettkampf um Wahrnehmung zu bestehen?

Der Schlüssel liegt in einer »merk-würdigen« Kommunikation. Dieser Begriff ist in unserer Gesellschaft meist negativ besetzt. Wörtlich genommen beschreibt er einen Sachverhalt oder ein Verhalten, das würdig ist, wahrgenommen (bemerkt) zu werden und darüber hinaus im Gedächtnis haften zu bleiben. Merkwürdig ist gut für die Wahrnehmung und das Gedächtnis. Merkwürdig wird die Kommunikation durch folgende Eigenschaften:

- außergewöhnlich
- bildhaft
- sinnvoll

Der ehemalige sowjetische Ministerpräsident Nikita Chruschtschow hat in einer UN-Versammlung seinen Forderungen Nachdruck verschafft, indem er mit seinem Schuh auf den Tisch geschlagen hat.

Diese außergewöhnliche Szene ist vielen Menschen in Erinnerung geblieben, eine Wirkung, die Chruschtschow bewusst geplant hatte (er hatte nicht seinen Schuh ausgezogen, sondern einen dritten Schuh in die Versammlung mitgenommen)! Außergewöhnliche Aktionen benötigen einen gewissen Mut und Kreativität. Der Mensch denkt nicht in Schrift und Sprache, sondern in Bildern. Menschen mit einem hervorragenden Zahlengedächtnis nutzen dies, indem sie sich die Zahlen als Bilder vorstellen. Mit so genannten Eselsbrücken versuchen wir, uns Namen oder Sachverhalte in Form von Bildern zu merken. Menschen haben schon immer in Bildern gedacht. Erst später kamen

Die menschliche Wahrnehmung funktioniert in Bildern

Schrift, Zahlen, ja sogar Sprache hinzu. Eine bildhafte Sprache kommt daher der Funktionsweise unseres Gedächtnisses sehr entgegen. Darüber hinaus orientiert sich die Erinnerung an diesen Emotionen. Wenn Sie an Ihre Vergangenheit zurückdenken, werden Ihnen immer Erlebnisse einfallen, die mit einer Emotionalität verknüpft sind, unabhängig, ob diese Emotionen positiv oder negativ waren.

In der folgenden Aufgabenstellung können Sie Ihre Argumentation in eine bildhafte Darstellung übertragen.

Analogieübung

Tragen Sie zunächst die Argumente, die Sie in Ihrer nächsten Präsentation oder einem Kundengespräch verwenden unter der Dialogform ein. Übertragen Sie dann die einzelnen Argumente in eine bildhafte Darstellung. Der Einstiegsatz in diese Art der Darstellung lautet:»Stellen Sie sich vor, ...« – zum Beispiel: Stellen sie sich ein Auto, einen Baum, eine Kreuzung, Ihren Urlaub, ein Schloss, eine Wunschfee etc. vor.

Dialogform   Bildhafte Darstellung

Argument A: Bild A:

Argument B: Bild B:

Argument C: Bild C:

Die Verfeinerung dieser Darstellung besteht darin, die Bilder auf den Gesprächspartner anzupassen: »Sie sind doch ein begeisterter Marathonläufer. Stellen Sie sich vor, Sie ...«

Sinnvoll ist die dritte Eigenschaft, die eine Kommunikation merkwürdig werden lässt. Auch diesem Begriff wurde im Laufe der Zeit eine verfälschte Definition zugeteilt. Sinnvoll wird heute von vielen als Synonym für logisch, nachvollziehbar und vernünftig verwendet.

Zerlegen wir den Begriff in seine Bestandteile, nämlich »sinn« und »voll«, ergibt sich eine andere Umschreibung: Voller Sinne oder sogar Sinnlichkeit bedeutet voller Dinge, die unsere fünf Sinne ansprechen.

Als ich mich vor etwa zwei Jahren zu einem Seminar in Bremen aufhielt, wurde mir die Wirkung dieses sinnvollen Umgangs bewusst:

Bis zum Abflug nach München hatte ich noch ein paar Stunden Zeit. Ich entschloss mich, diese Zeit mit viel Entspannung zu nutzen. In dem Hotel, in dem ich untergebracht war, hatte eine Kosmetikfirma eine Beauty- und Wellness-Farm eingerichtet. Ich hatte Glück und bekam noch einen Termin für eine Massage und eine komplette Gesichtsbehandlung. Als ich in der Wellness-Farm eintraf, wurde alles unternommen, meine fünf Sinne positiv zu stimulieren.

Der Wellness-Bereich vermittelte eine Atmosphäre von Urlaub. Überall standen tropische Pflanzen, und die Wände waren cremefarben gestrichen. Die Dame, die die Gesichtsbehandlung durchführte, war äußerst attraktiv und hatte dies durch ein dezentes Make-up sehr gut unterstrichen.

In dem Behandlungsraum war es wunderbar ruhig. Das einzige Geräusch, das ich aufnahm, war eine wohltuende Entspannungsmusik. Es duftete auch angenehm in den Räumen. Zusätzlich wurde mein Gesicht mit gut riechenden Ölen bedampft. Die feinen kreisenden Bewegungen der Gesichtsmassage fühlten sich sehr angenehm an.

Als ich in einem völlig entspannten Zustand dahinschwebte, baute die Masseurin vor meinen Augen eine Reihe von Fläschchen und Döschen auf. Sie erklärte mir, dass ich dieses Wohlgefühl mit Hilfe dieser Mittel auch zu Hause nachempfinden könne.

Als ich das Hotel verließ, war ich bepackt mit zwei großen, gefüllten Einkaufstüten dieser Kosmetikfirma. Zu Hause stelle ich fest, dass sich unter den Produkten auch eine Abschminkcreme befand. Da sie mir aber genau erklärt hatte, dass diese Creme auch für Männer geeignet war, um die freien Radikalen, die sich in den Poren festsetzen würden, gründlich zu entfernen, entwickelte sich bei mir keinerlei Kaufreue.

Wenn ich in der Badewanne meine Gesichtsmaske auflege, denke ich gerne an dieses perfekte Verkaufsgespräch zurück.

Tipp: Haben sie den Mut merkwürdig zu sein. Sprechen Sie durch Ihr Kommunikationsmittel möglichst viele Sinne an.

Verbindlichkeit für wachsende Beziehungen

Die Basis für langfristige Erfolgsgeschichten

»*Keine Regel ist so allgemein wie die: unverbrüchlich, auch in den geringsten Kleinigkeiten, Wort zu halten, seiner Zusage treu und stets wahrhaftig zu sein in seinen Reden.*« (Adolph Freiherr von Knigge)

Präsentation mit Hindernissen

Nachdem die Präsentation beendet war, saßen wir im Büro des Schulungsleiters, um offene Fragen zu klären. Die Fluggesellschaft, für die dieser Schulungsleiter arbeitete, hatte Interesse an einem Training signalisiert, das das Bordpersonal im Umgang mit schwierigen Passagieren schulen sollte. Neben mir saß ein Trainer, der seit kurzem für uns arbeitete und der mir bei der Präsentation assistiert hatte.

»Wie viel würde uns denn die Schulung kosten?« fragte der Verantwortliche der Fluggesellschaft. Ich nannte ihm den Betrag und wartete auf seine Reaktion. »Wissen Sie, die Präsentation fand ich sehr beeindruckend, aber im Vergleich zu Ihren Mitbewerbern sind Sie ganz schön teuer.« Ich liebe diesen Einwand und zwar aus einem einfachen Grund. Zum einen bedeuten Einwände immer ein grundsätzliches Interesse und zum anderen bin ich natürlich auf keinen Einwand so gut vorbereitet, wie auf den ausgesprochenen. Ich war es auch gewohnt, bei einem derartigen Auftrag im Wettbewerb mit anderen Trainingsunternehmen zu stehen.

»Stimmt, dieses Training ist nicht billig«, reagiere ich. »Wir haben die Erfahrung gemacht, dass das wichtigste an Schulungsmaßnahmen die Behaltens- und Umsetzungsquote ist. Was wird wirklich davon umgesetzt? Unsere Kontrollmaßnahmen zeigen, dass unsere Trainings hier herausragende Ergebnisse erzielen und Sie entscheiden, ob es Ihnen das wert ist.« Jetzt war es wichtig, nicht weiter zu sprechen, sondern in Ruhe abzuwarten. Auch mein Gegenüber schwieg. So ein Schweigen in einem völlig ruhigen Büro kann ganz schön bedrückend wirken. Jetzt nur nicht die Nerven verlieren und weiterplappern oder gar Zugeständnisse machen.

Diese Weisheiten hätte ich vor dem Gespräch wohl auch an meinen jüngeren Kollegen weitergeben sollen. Ich bemerkte, dass das lange Schweigen ihm offensichtlich unbehaglich war. Er begann auf seinem Stuhl hin und her zu rutschen. Für mich war klar: Wer jetzt das Schweigen zuerst brach, war auf dem Rückzug. Der Schulungsleiter wollte gerade antworten, doch mein Partner war schneller: »Das hängt auch von der Anzahl der Trainingstage ab, ab einem gewissen Volumen geben wir schon einen Nachlass.«

Nachdem wir die nächsten Minuten nur noch über die Höhe des Nachlasses diskutiert hatten, bemerkte der Schulungsleiter, dass er dies von dem Budgetverantwortlichen absegnen lassen müsse. Der nächste Fehler wäre es jetzt gewesen, aufzustehen und sich zu verabschieden. Also stellte ich ihm die folgende Frage: »Angenommen, der Verantwortliche würde das Budget freigeben, gebe es darüber hinaus noch Dinge, die wir klären müssten oder würden wir die Trainingsreihe dann durchführen?« Nach der Bejahung der Frage blieb ich weiter am Ball. »Wann glauben Sie, werden Sie diese Entscheidung eingeholt haben?« »In zwei Wochen, gut dann werden wir uns in zwei Wochen bei ihnen melden, um die nächsten Schritte zu planen.«

Einwandbehandlung, der letzte Schritt zur Vereinbarung

Beim Umgang mit Einwänden ist das Wichtigste, sie nicht als Angriff, sondern als Interesse zu bewerten und deshalb nicht nervös zu werden. Viele Leute reagieren in Verhandlungen auf Einwände gereizt: »Was heißt hier teuer?« Dabei bedeutet jedes geklärte Nachfragen einen entscheidenden Schritt zur Vereinbarung. Ohne Einwände würde Verhandeln gar keinen Spaß machen. Wenn überhaupt, können uns nur Einwände verunsichern, die wir nicht kennen.

 Tipp: Fragen Sie sich vor jeder Verhandlung, welche Einwände kommen könnten und bereiten Sie sich auf deren Beantwortung vor.

Ganz entscheidend ist die Reaktion, weil sie signalisiert, ob Sie ein schlechtes Gewissen haben oder wirklich von Ihrem Standpunkt überzeugt sind. Folgende Punkte sind daher wichtig:

● Zeigen Sie Verständnis für den Einwand, gehen Sie nicht auf Konfrontation:»Stimmt, ... Ich verstehe ihren Einwand, ... Sie haben Recht, ...« sind mögliche Einleitungen. Setzen Sie diesen Satz auf keinen Fall mit einem »aber« fort. Es würde die signalisierte Zustimmung zunichte machen.

● Fassen Sie noch einmal das entscheidende Argument oder den entscheidenden Nutzen kurz zusammen. Kurz ist deshalb so wichtig, weil Sie sonst in die Gefahr geraten, sich zu rechtfertigen und ein schlechtes Gewissen zu zeigen.

● Signalisieren Sie Ihrem Gesprächspartner ganz klar, dass es in seiner Entscheidung liegt, ob er diesen Vorteil nutzen will. Dabei ist Ihr Gedanke nicht:»Selbst schuld, wenn Sie es nicht tun«, sondern »ich akzeptiere ihre Entscheidung, egal wie sie ausfällt.«

Neben der Behandlung von Einwänden ist die Führung zu einem Ergebnis eine wichtige Kompetenz des Verhandelns. Es geht dabei darum, klare Vereinbarungen, bei denen sich alle als Gewinner fühlen, zu erreichen. Das Einhalten dieser Vereinbarungen ist eine logische Konsequenz. Dieses Ziel bei der Gesprächsführung nicht aus den Augen zu verlieren, bedeutet nicht, dass ich dieses Ziel auch vorgebe. In den meisten Fällen ist es von Vorteil, die Lösungsvorschläge des Partner zu erfragen:»Was schlagen Sie vor?« ist eine Frage, die vor allem bei festgefahrenen Verhandlungen ein versöhnliches Signal sendet und zugleich eine Lösungsorientierung vorgibt.

Stilanalyse

Nehmen Sie an, Sie selbst sollen beschrieben werden. Stufen Sie dazu die nachfolgenden Beschreibungen danach ein, wie gut Sie sich darin wiederfinden. Lesen Sie dazu bitte die folgenden fünf Abschnitte zunächst aufmerksam durch. Werten Sie dann den Abschnitt, der Sie am besten kennzeichnet mit einer »5«, die nächsttypische Beschreibung mit einer »4« und so weiter, bis Sie die Beschreibung, die am wenigsten entspricht, mit einer »1« kennzeichnen. Wenn Sie mit Ihrer Bewertung fertig sind, sollen die Zahlen 1–5 nur je einmal vergeben sein.

V .... Ich finde gegenseitiges Einverständnis äußerst wichtig. Mich interessieren darum auch Meinungen und Ideen, die anders sind als meine eigenen. Auch wenn ich meinen Standpunkt behalte, gehe ich auf einleuchtende Argumente anderer Leute ein. Bei Konflikten behalte ich den Überblick und gehe der Sache auf den Grund, finde die Ursachen und rege eine einverständliche Lösung an.

E .... Ich akzeptiere die Entscheidungen der anderen Personen. Ich schließe mich Meinungen, Verhalten und Vorstellungen anderer an und behalte meine Meinung lieber für mich. Bei Meinungsverschiedenheiten halte ich mich möglichst heraus. Ich rege mich selten auf und erhalte mir damit meine Arbeitskraft.

S .... Gute persönliche Beziehungen sind für mich wichtig. Darum vertrete ich gerne die Meinung meiner Patienten, von Kollegen oder Chefs, auch wenn ich sie nicht wirklich gut finde. Damit ermutige ich andere in ihrer Entscheidung. Bei Konflikten will ich immer beruhigend wirken und versuche, die Bindung zu meinen Gesprächspartnern zu erhalten. Mein Verhalten zielt darauf ab, freundliche Beziehungen aufrechtzuerhalten. Ich helfe, wo ich kann.

P .... Ich lege großen Wert auf klare Entscheidungen. Manchmal muss ich mich deutlich durchsetzen. Ich verteidige eben meine Vorschläge und Meinungen. Konflikte versuche ich zu unterdrücken oder schnell zu beseitigen und setze meinen Standpunkt durch, manchmal auch hart.

A .... Ich suche nach brauchbaren Lösungen, gleich von welcher Seite sie kommen mögen. Oft ist ein Kompromiss das Beste, um die Sache in Gang zu halten. Bei Konflikten bin ich fair, aber standhaft und suche nach einer gangbaren Lösung. Dabei richte ich mein Verhalten so ein, dass keine weiteren Störungen entstehen.

Dieser Test lässt eine Bewertung der sozialen Kompetenzen in zwei Richtungen zu, der Beziehungskompetenz und der Fähigkeit zu verbindlichen Vereinbarungen, also zu Ergebnissen zu gelangen.

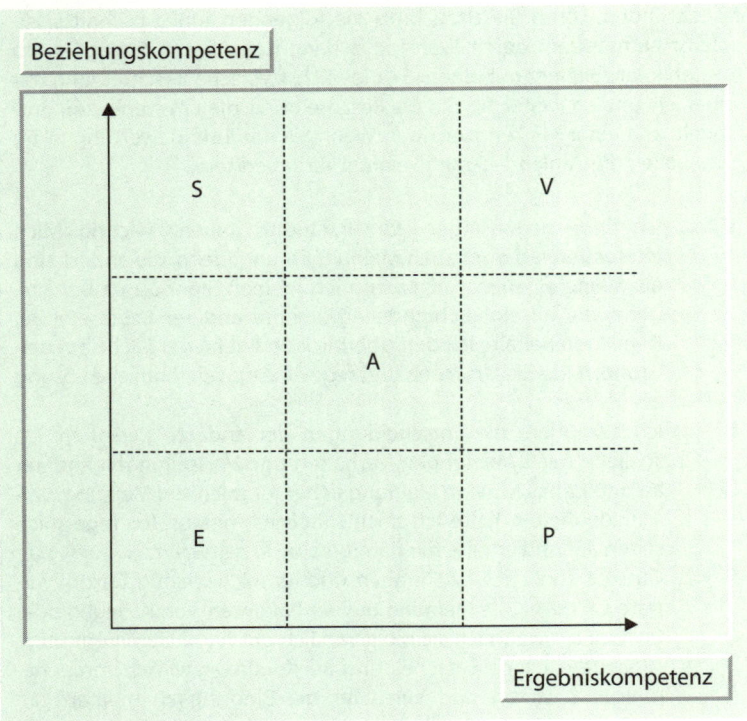

Aus dem Gitternetz ergeben sich die fünf Kompetenztypen:

E = **Egalo:** Der Egalo kann durchaus hohe Kompetenzen in den beiden Bereichen besitzen, jedoch setzt er sie, jedenfalls zurzeit nicht ein. In den meisten Fällen dürfte der Grund dafür in einer fehlenden oder mangelnden Motivation liegen.

S = **Schmuser:** Für den Schmuser steht ähnlich wie für den Harmoniker das Beziehungsklima im Vordergrund. Für ihn ist es wichtig, dass sich sein Verhandlungspartner wohl fühlt. Ergebnisse sind dabei nebensächlich.

P = **Profito:** Dem Schmuser steht der Profito gegenüber. Für Ihn zählen allein Ergebnisse. Daher steuert er diese auch direkt an und spart sich dabei die Mühe des Beziehungsaufbaus.

A = **Alter Hase:** Der alte Hase ist mit allen Wassern gewaschen und im Besitz eines hohen Kompetenzpotenzials in beiden Bereichen. Einsetzende Routine oder das letzte Quäntchen an Motivation verhindern jedoch, dass er diese Fähigkeiten voll einsetzt. Er kommt ja auch so ganz gut zurecht.

V = **Vector:** Vector bringt beide Kompetenzen zur vollen Geltung. Er geht auf Menschen sehr gut ein, nimmt sich Zeit für die Beziehungsqualität, verliert dabei das Ziel nie aus den Augen. Er führt seinen Gesprächspartner zu einem Ergebnis, bei dem sich beide zu Recht als Gewinner fühlen.

Eventuell strahlen Sie jetzt bei der Auszählung Ihrer Bewertung, weil sie sich als Vector erkannt und diese Verhaltensweise mit fünf Punkten bewertet haben. Bedauerlicherweise für Sie hat sich in empirischen Untersuchungen gezeigt, dass das mit fünf Punkten bewertete Verhalten nicht unserem tatsächlichen, sondern dem von uns erwünschten Verhalten entspricht. Die Reaktionsweise, die von uns vier Punkte erhalten hat, entspricht der eigenen. Interessant ist auch die von uns mit drei Punkten bewertete Reaktion. Auf diese greifen wir gerne zurück, wenn Probleme oder Widerstände auftauchen.

In der Analyse treffen wir oft auf ein klassisches Ergebnismuster: Fünf bei Vector, vier bei alter Hase und drei entweder bei Schmuser oder Profito. Das bedeutet, dass sich derjenige als Vector sieht, tatsächlich ein alter Hase ist, der nicht alles zum Einsatz bringt und bei Widerständen zum Schmuser oder Profito wird.

Dieser Test gibt Ihnen Hinweise auf Ihre Potenziale, um speziell in Verhandlungen noch erfolgreicher zu werden.

Tipp: Analysieren Sie Ihre Potenziale und bauen Sie diese aus.

Um Wirkung zu erzielen, sorgen Sie für ein hohes Energiepotenzial und die Ausbildung der kommunikativen Kompetenzen.

Schlusswort

»*Und wenn der Rechtschaffene ausdauert, immer folgerecht, edel, vorsichtig und grade handelt, so kann er, wenn er die Menschen studiert hat und sich durch keine Schwierigkeit abschrecken lässt, fast jede gute Sache am Ende durchsetzen. Und hierzu die Mittel zu erleichtern, und Vorschriften zu geben, die dahin einschlagen – das ist der Zweck dieses Buches.*« (Adolph Freiherr von Knigge)

Auch eine Weltreise beginnt mit dem ersten Schritt. – Mein Tipp: Nehmen Sie sich das Kapitel heraus, das Sie am meisten angesprochen hat und arbeiten Sie an der darin angesprochenen Kompetenz. Der erzielte Erfolg wird Sie motivieren, den nächsten Schritt zu gehen. Die nachfolgenden Schritte ergeben sich von selbst.

Ich wünsche Ihnen beim Lesen dieses Buches viel Spaß und bei der Umsetzung viel Erfolg. Weil es Spaß macht, erfolgreich zu sein.

Werner Knigge

Lösungen

Lösung zum Test auf S. 40

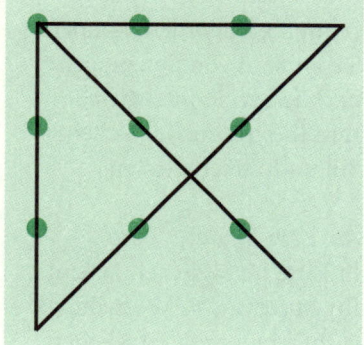

Lösung zum Test auf S. 40

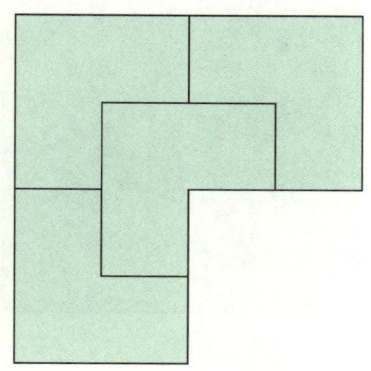

Lösung zum Test auf S. 41

Mit Stil zum Ziel

Lis Droste
Monika Hillemacher
Im Trend: Stil und Etikette
Aktuelle Umgangsformen,
moderne Tischsitten,
souveränes Auftreten.
Beltz on top. 2003.
121 Seiten. Broschiert.
ISBN 3-407-36113-0

Die Autorinnen Lis Droste
und Monika Hillemacher
geben einen alltagstauglichen
Überblick rund um moderne
Umgangsformen. Abstecher ins
Ausland inklusive. Praktische
Tipps, Internet-Adressen und
Checklisten runden das An-
gebot ab. Außerdem können
Sie anhand von Quizfragen
nach jedem Kapitel gleich
Ihre Kompetenz in Sachen
Stil und Etikette testen.

Aus dem Inhalt:
Etikette im täglichen Leben;
Ihr Auftritt; Das Vorstellungs-
gespräch; Razzia im Kleider-
schrank; Bei dir piept's wohl?
Handy; Dinieren mit Manieren;
Schlemmereien aus Küchen
und Kellern.

Stilsicheres Auftreten und gutes
Benehmen liegen im Trend,
nicht nur im Geschäftsleben!

Info und Ladenpreis:
www.beltz.de

F0140

Beltz Verlag · Postfach 100154 · 69441 Weinheim

Der Schlüssel zum Erfolg

Tania Rolus
Working Women
Der FAQ-Guide:
Die häufigsten Fragen zu
Beruf und Karriere –
mit Lösungen, Adressen
und aktueller Rechtslage.
Beltz on top. 2003.
187 Seiten. Broschiert.
ISBN 3-407-36110-6

Die Karriereexpertin Tania
Rolus beantwortet häufig
gestellte Fragen wie beispielsweise zu

- »Business Basics« wie
  Arbeitszeitmodelle,
  Weiterbildung, arbeits-
  rechtliche Grundlagen,
  Mitarbeitermotivation;
- »Female Specials« wie
  Mutterschutz und
  Elternzeit, frauenfreund-
  liche Unternehmen,
  Frauen in Chefpositionen;
- »Burning Themes« wie
  Mobbing, sexuelle Beläs-
  tigung, Gehaltsfragen.

Die fundierten Lösungen lassen
sich leicht in die berufliche
Praxis umsetzen. Zusätzlich
bieten Checklisten,
Internetadressen, Karriere-
tipps sowie relevante Gesetzes-
grundlagen wertvolle Hilfe
im Berufsalltag.

Info und Ladenpreis:
www.beltz.de

F0137

Beltz Verlag · Postfach 100154 · 69441 Weinheim

Profi auch beim Telefonieren

Hanspeter Reiter
**Bei Anruf: souverän,
schlagfertig und kompetent**
So kommen Sie am Telefon
bestens an.
Beltz on top. 2003.
158 Seiten. Broschiert.
ISBN 3-407-36103-3

Kundenanfragen, Reklamationen, Recherchen – dieser gut verständliche Leitfaden führt die Leser direkt in die Praxis des Berufsalltags. Mit einer Fülle von typischen Beispielen behandelt Hanspeter Reiter alle wichtigen Themen für erfolgreiches Telefonieren. Die zahlreichen Tipps und vor allem auch die Übungen helfen, die Angebote direkt in das eigene Businessgeschehen zu integrieren. Das »Telefon-Buch« für alle, die zielgerichteter telefonieren wollen.

Aus dem Inhalt:
Situationen im Alltag;
Stimme und Sprechen;
Formulieren Sie ansprechend;
Zielgerichtet telefonieren;
Arbeitsplatz Telefon;
Do's und Dont's am Telefon.

Info und Ladenpreis:
www.beltz.de

Beltz Verlag · Postfach 100154 · 69441 Weinheim

F0161